Katzen, Hunde und die Herrlichkeit Gottes

Worauf es im Leben wirklich ankommt

Bob Sjogren und Gerald Robison

OM BOOKS

Translated from the original English title *Cat and Dog Theology*
Published by Authentic, 1820 Jet Stream Drive, Colorado Springs, CO 80921, USA

Übersetzung aus dem Amerikanischen: Dietmar Jowanka, Linz
Lektorat: Inge Nöhammer, Linz

Bibliographische Information Der Deutschen Bibliothek
die Deutsche Bibliothek verzeichnet diese Publikation
in der Deutschen Nationalbiographie; detaillierte bibliographische Daten
sind im Internet über http://dnb.ddb.de abrufbar.

ISBN 978-3-902669-02-5

Umschlaggestaltung: John Harms, Stockerau
Layout und Satz: Heike Scharmann, Wetzlar
Printed by PT Tisk, Příbram, Czech Republic

Inhaltsverzeichnis

1 Katzentheologie und Hundetheologie

Als Debbie und ich (Bob) noch in Phoenix, im amerikanischen Bundesstaat Arizona, wohnten, brauchten wir für das Rasenmähen vor unserem Haus nicht länger als zehn Minuten, das Zusammenrechen mit eingeschlossen! Weil unser Musterrasen so klein war hielten wir damals auch keinen Hund. Als sich aber herausstellte, dass wir nach Richmond, Virginia, übersiedeln würden, versprachen wir unseren vier Kindern, dass wir uns sowohl einen Hund als auch eine Katze kaufen würden. Und dieses Versprechen hielten wir auch ein!

Wir lieben unseren Hund und wir lieben unsere Katze.

Jasmine ist ein weißer Labrador-Mischling. Wir erlösten sie vom Tierasyl und sie wurde wirklich ein Teil unserer Familie. Sie liebt es, am Rasen herum zu laufen und ist unser privates Empfangskomitee, wenn wir mit dem Auto in die Einfahrt biegen.

Kurz nachdem wir Jasmine bekommen hatten waren wir gerade am Weg zur Klavierstunde, als wir ein Schild sahen, auf dem Kätzchen angeboten wurden. Und jetzt haben wir auch eine Katze. Auch Simba hat den Weg zu unseren Herzen gefunden. Simba schläft gerne am Küchenstuhl und am Abend finden wir ihn in unserem Bett wieder.

Aber ich habe herausgefunden, dass Hunde und Katzen sehr verschieden sind.

Wenn Jazzy (wie wir Jasmine zärtlich nennen) zu mir läuft, wedelt sie eifrig mit dem Schwanz. Ich brauche nur eine Nanosekunde um zu bemerken, dass sie aufgeregt ist und mich sehen will. Ich kraule sie dann ein bisschen hinter den Ohren und kratze sie unter dem Kinn. Sie mag das und ihr Schwanz wedelt noch schneller.

Wenn Simba zu mir kommt läuft das anders ab. Im Gegensatz zu Jazzy schaut mich Simba kaum an. Vielleicht (oder vielleicht auch nicht) reibt er sein Gesicht an meinem Bein (seine Art, mich zu markieren). Aber sogar wenn er es tut beginnt er ebenso, auch das Bein meines Stuhls zu markieren. Insgeheim denke ich: »Du betrachtest mich nur als warmblütiges Möbelstück, nicht wahr?« Es stimmt, ihre Art der Begrüßung unterscheidet sich sehr.

Auch wie sie nach draußen gehen unterscheidet sich völlig.

Wenn Jazzy hinaus möchte springt sie gegen die Küchentür und bellt. Sie möchte, dass wir bemerken, dass sie hinaus will. Sobald die Tür offen ist schießt sie hinaus und läuft in den Hof.

Wenn Simba aus dem Haus möchte steht er beim Fenster neben der Eingangstür. Das ist sein Zeichen, dass es an der Zeit ist, die Katze hinaus zu lassen. Ich gehe also zur Eingangstür, öffne sie und gehe weiter um auch die Außentür des Windfangs zu öffnen. Und was tut Simba? Nichts. Er sitzt einfach da und schaut hinaus (obwohl er weiß, dass die Türe offen steht). Nachdem er eine Zeit lang hinaus gesehen hat blickt er zurück ins Vorzimmer als wollte er sagen: »Bin ich sicher, dass ich hinaus will?«. Dann schaut er wieder hinaus und manchmal leckt er an seiner Pfote. (Ich glaube er schaut auf eine Art Katzenuhr, . . . Ich bin mir nicht sicher.)

Da Geduld nicht gerade zu meinen Stärken gehört rufe ich seinen Namen, mache ein paar küssende Geräusche und warte noch ein bisschen. Wieder schaut Simba aus dem Fenster, dann auf die offene Tür und schließlich wieder in den Raum. Dieser Vorgang wiederholt sich ein paar Mal. Endlich, ohne den Anschein von Eile, schreitet er vorsichtig zur inneren Tür hinüber und setzt seinen Weg langsam fort Richtung Außentür. Zugleich aber lässt er sich viel Zeit die Tür als sein Eigentum zu markieren.

Aber unmittelbar bevor er den letzten Schritt in Richtung seines neuen Zieles setzt, hält er inne und setzt sich. Wieder schaut er nach draußen, in den Raum und wieder zu mir her. Auch das kann sich wieder ein paar Mal wiederholen. Und die ganze Zeit über halte ich die Tür offen und warte. (Noch einmal zur Erinnerung: Geduld ist nicht meine größte Stärke.) Schließlich bin ich so frustriert, dass ich nicht mehr anders kann als die Katze mit dem Fuß durch die Tür zu schubsen (natürlich liebevoll, denn vielleicht beobachten mich ja die Kinder!).

Ich glaube es stimmt, was ich schon von anderen gehört habe: Hunde haben Herren, Katzen haben Untergebene. Aus diesem Grund haben die Menschen traditioneller Weise den Hunden Eigenschaften wie Loyalität, Dienen und Treue den Hunden zugeschrieben. Katzen gelten hingegen als unabhängig und unnahbar. Es gibt auch einen Witz über Katzen und Hunde, der ihre Unterschiede perfekt beschreibt: Ein Hund sagt: »Du streichelst mich, du fütterst mich, du behütest mich, du liebst mich, du musst Gott sein.« Eine Katze sagt: »Du streichelst mich, du fütterst mich, du behütest mich, du liebst mich, ich muss Gott sein.«

Dieser Unterschied zwischen Katzen und Hunden ist dem sehr ähnlich, wie christliche Theologie heutzutage gelebt wird. Wir sprechen daher von »Hundetheologie« und »Katzentheologie«. Hunde sagen: »Herr, du liebst mich, du segnest mich überreichlich, du gabst dein Leben für mich, du musst Gott sein.« Katzen hingegen sagen: »Herr, du liebst mich, du segnest mich überreichlich, du gabst dein Leben für mich, ich muss ein Gott sein.«

Beachte den unbestimmten Artikel »ein«! Wir wollen damit ausdrücken, dass Katzen, bzw. Leute mit dieser Theologie, nie wirklich sagen: »Ich muss Gott sein.« Sie wissen, dass das politisch und biblisch unkorrekt wäre. Deshalb wird reine Katzentheologie auch nie von der Kanzel gelehrt. Sie wird nie in Liedern besungen. Und sie wird auch nie als Seminar unterrichtet. Aber obwohl Katzen niemals sagen: »Ich muss Gott sein«, sagen sie doch: »Es dreht sich alles um mich« oder »Es geht dabei immer um uns! Gott hat das alles für uns getan! In unserem Leben geht es um uns! Ich muss jemand sein, für den Gott nicht nur starb, sondern für den er auch lebt!«

Gehorsam, Herrlichkeit und Segnungen

Nun, um zu verstehen, worin sich Hundetheologie und Katzentheologie wirklich unterscheiden, muss man verstehen, dass sowohl Katzen wie Hunde in ihrem Leben in unterschiedlicher Weise nach Gehorsam streben. Hunde lernen ihren Herrn zu gehorchen. Katzen wollen, dass ihre Herren ihnen gehorchen. Oder wie es der Witz formuliert, Hunde haben Herren, Katzen haben Untergebene. Theologisch ausgedrückt wollen Hunde Gott gehorchen während Katzen wollen, dass Gott ihnen gehorcht.

DeVern Fromke drückt dies in seinem ausgezeichneten Buch *»Unto full Stature«* (Zu ganzem Format) folgendermaßen aus: »Wir ernten heute Bekehrungen in denen der Mensch im Mittelpunkt steht, weil uns der Mensch mehr Anliegen ist als Gott... Wir sind mehr daran interessiert, dass Gott den Menschen dient, als dass der Mensch Gott dient.« Diese Einstellung spiegelt sich auch im Gebetsleben von Katzen wieder. Alles dreht sich um ihr Leben, um ihre Bedürfnisse und ihre Wünsche. Ihre Gebete enthalten häufig die Worte »ich«, »mir«, »mich« und »mein«. (Darauf werden wir später noch mehr zurückkommen.)

In *»Beten wie Jesus«* schreibt James Mulholland: »Im Dezember richtete ich meine Wünsche an den Weihnachtsmann; im übrigen Jahr betete ich zu Gott. In Wirklichkeit geht es mir darum wie ich Gott dazu bringe mir das zu schenken was ich gerne hätte. Es ist mehr mein Verlangen Gott zu manipulieren als ihn zu kennen ... Beim Gebet geht es um mich: Segne mich. Beschütze mich. Sorge für mich.« Martin Luther, ein Mann den Gott dazu verwendete die größte Reformation in der Geschichte der christlichen Kirche in Gang zu bringen, formulierte: »Das Wesen der Sünde liegt darin, dass der Mensch in allem das Seine sucht, sogar in Gott.«

Ja, Katzen sind um sich selbst bemüht. Und obwohl sie das niemals zugeben würden, würden sie es ernsthaft in Erwägung ziehen, wenn irgendjemand oder irgendetwas ihnen ein besseres Leben verspräche als die Nachfolge Christi. Warum? Weil es ihnen in erster Linie nicht um Gott geht sondern um sich selber. Katzen sind weit eher darum Christen, weil sie dadurch etwas bekommen als um die Herrlichkeit des Königs der Himmel auszustrahlen. Hunde sagen: »Nein, es geht um den Ruhm Gottes«, und lernen aus dem Römerbrief von Paulus.

In Römer 15,8–9 spricht Paulus über den Tod Christi. Er sagt: »Denn ich sage, dass Christus um der Wahrheit Gottes willen ein Diener des jüdischen Gesetzes wurde, um die Verheißungen an die Väter zu bestätigen, damit ...«

Halte genau hier an. Beachte was hier geschieht. Er nennt den Grund *warum* Christus auf die Erde kam, ein perfektes Leben lebte und einen schmerzhaften Tod starb.. Das ist der Schlüssel. Aus welchem Grund tat er das? Paulus sagt: »damit die Heiden« (wahrscheinlich schließt dies die meisten unserer Leser mit ein) *»nicht in die Hölle kommen.«*

Falsch! Das sagt er nicht. Aber welch perfekte Gelegenheit wäre es für Paulus gewesen, genau das zu sagen! Aber wenn Paulus nicht das sagte, was sagte er *dann*? Er sagte: »damit die Heiden *Gott verherrlichen möchten um der Barmherzigkeit willen*«. Wir sind alle aus einem bestimmten Grund gerettet: damit wir Gott für seine Barmherzigkeit verherrlichen. Das ist das Ziel unserer Erlösung und nicht einfach um der Hölle zu entgehen.

Wenn es um uns gehen würde . . .

Katzen sehen den Wald vor lauter Bäumen nicht. Sie sind jeden Tag aufs Neue so mit den flüchtigen Eindrücken von ihrer Umgebung beschäftigt, dass sie das Gesamtbild nicht sehen können. Denk einmal nach. Wenn du Gott wärst und die Absicht hättest, eine Umgebung für den Menschen zu erschaffen, würdest du dann nicht alles so gestalten, dass es zu ihnen passt? Wenn wir uns aber umsehen, dann stellen wir fest, dass nicht alles zu uns passt. Es wurde für Gott erschaffen.

»Denn in ihm ist alles in den Himmeln und auf der Erde geschaffen worden, das Sichtbare und das Unsichtbare, es seien Throne oder Herrschaften oder Gewalten oder Mächte: alles ist durch ihn und *für* ihn geschaffen.« (Kol.1,16) Er teilt es mit uns, aber es ist für ihn!

Würde es um uns gehen, warum machte Gott es dann so, dass drei Viertel der Erdoberfläche mit Wasser bedeckt sind? Denk darüber nach. Wir Menschen können auf drei Viertel der Erdoberfläche nicht einmal überleben. Warum? Weil sie für ihn und nicht für uns geschaffen wurde.

Und warum hat der Schwertfisch leuchtende und wunderschöne Farben die an der Sonne nach dreißig Sekunden vergehen? Weil der Schwertfisch so geschaffen wurde, dass man ihn *im* Wasser sehen kann. Seine Schönheit besteht für Gott. Er teilt sie mit uns, aber sie besteht für ihn! Er sieht sie und er freut sich daran.

Würde es um uns gehen, warum gibt es dann Töne die unser Ohr nicht hören kann? Hundeohren können sie hören, aber wir nicht. Wenn dieses Leben und diese Schöpfung nur auf uns ausgerichtet wäre, warum hätte es Gott so eingerichtet? Warum erschuf Gott den Adler mit einem besseren Sehsinn als uns? Das ist doch nicht fair. Warum kann ein neugeborenes Fohlen sofort gehen während menschliche Babys 9 Monate brauchen um krabbeln zu lernen?

Wusste Gott nicht, dass wir irgendwo hingehen wollen, Menschen kennen lernen und wichtige Dinge tun? (Ich versuche immer noch die verlorene Zeit wett zu machen!)

Warum nutzen sich unsere Körper ab? Warum hat Gott uns so erschaffen, dass wir anfangs völlig von anderen abhängig sind, dass wir unsere maximale Leistungskraft in den mittleren Lebensjahren erreichen und dann unsere Glieder und unser Verstand immer mehr nachlassen je mehr uns das Alter begrüßt? Warum schuf Gott uns so, dass wir Schlaf brauchen? Wusstest du, dass eine Giraffe jeweils nur fünf Minuten schläft und maximal zwei Stunden am Tag? Gott hätte uns doch genauso machen können, aber er tat es nicht. Er entschied sich dafür, dass wir acht Stunden am Tag in der Waagrechte verbringen müssen, völlig weggetreten und blind für den Rest der Welt. Was für eine Zeitvergeudung für jene unter uns, die sich zu den »Machern« zählen!

Warum gibt es Galaxien die wir nicht einmal sehen können? Sag einmal Gott, das war nicht besonders clever, wenn es bei allem um uns gehen soll! Und warum können wir unser Äußeres nicht verändern wie Chamäleons? Warum können wir nicht sagen: »Ich möchte afrikanisch aussehen, asiatisch oder kaukasisch? Ich möchte wie ein Italiener aussehen.« oder »Herr, ich möchte einfach nur ein bisschen mehr Haare«.

Gott schuf uns einfach so, wie er es haben wollte, weil es nicht um uns geht! Es geht bei allem um ihn und er tut das alles, weil es ihm so gefällt!

»Du bist würdig, unser Herr und Gott, die Herrlichkeit und die Ehre und die Macht zu nehmen, denn du hast alle Dinge erschaffen, und zu deiner Freude wurden sie erschaffen und bestehen sie.« (Offb.4,11, eigene Übersetzung).

Einblicke in der Offenbarung

Wo Johannes in Offenbarung 4 Einblick in den Himmel erhält, lernen wir einiges, was uns sehr demütigt, aber auch herausfordert und befreit. In Vers acht sieht Johannes die vier lebendigen Wesen wie sie Gott verherrlichen. Sie rufen aus: »Heilig, heilig, heilig ist der Herr, Gott der Allmächtige, der da war, der da ist und der da kommt!« (Offb.4,8). Und wir Menschen werden nicht erwähnt? Nicht mit einem Buchstaben.

Warum erwähnen diese vier lebendigen Wesen in der Offenbarung uns nicht? Die Antwort darauf ist einfach. Weil sie so mit der Herrlichkeit und dem Wunder Gottes beschäftigt sind, dass daneben nichts anderes zählt! Es geht ausschließlich um Gott und seine herrliche Majestät! (Warum sollte es ihnen überhaupt auffallen, dass wir existieren?). Und als die Ältesten sehen, was da geschieht, stimmen sie mit ein. Beachte was sie sagen:

> Und wenn die lebendigen Wesen Herrlichkeit und Ehre und Danksagung geben werden dem, der auf dem Thron sitzt, der da lebt von Ewigkeit zu Ewigkeit, so werden die vierundzwanzig Ältesten niederfallen vor dem, der auf dem Thron sitzt, und den anbeten, der von Ewigkeit zu Ewigkeit lebt, und werden ihre Siegeskränze niederwerfen vor dem Thron und sagen: »Du bist würdig, unser Herr und Gott, die Herrlichkeit und die Ehre und die Macht zu nehmen, denn du hast alle Dinge erschaffen, und deines Willens wegen waren sie und sind sie erschaffen worden.« (Offb.4,9–11)

Den Ausdruck »deines Willens wegen waren sie und sind sie erschaffen worden« könnte man genauso übersetzen mit »zu deiner Freude wurden sie erschaffen und bestehen sie«.

Alles was Gott schuf, schuf er zu seiner Freude! Weißt du was das bedeutet? Es bedeutet:

Hunde hören Töne, die unsere Ohren nicht vernehmen, weil es IHM so gefällt.

- Ein Großteil der Erde ist mit Wasser bedeckt, weil es dem Schöpfer so gefällt.
- Adler sehen besser als Menschen, weil Gott darüber lächeln kann.
- Fohlen gehen nach der Geburt während Menschen nach neun Monaten noch nicht krabbeln können, weil Gott das so möchte.
- Unsere Körper nutzen sich ab, weil uns das dazu zwingt, unsere Hoffnung auf Gott zu setzen, auf den einzigen, der würdig ist Herrlichkeit zu empfangen.
- Wir müssen schlafen um uns zu erinnern, dass wir nicht Gott sind, der weder schläft noch schlummert.
- Die Galaxien existieren in wundervollem Glanz um dem Einen Freude zu bereiten, der sie erschuf und der jedem Stern seinen Namen gab.
- Wir können unser Äußeres nicht verändern, denn wenn wir es könnten, wären wir so sehr mit uns selbst beschäftigt, dass wir den Einen völlig vergessen würden, der würdig ist Herrlichkeit und Ehre und Lobpreis zu empfangen.

Im Leben geht es nicht um uns. Es geht um Gott!

2 Einige Unterschiede zwischen Katzentheologie und Hundetheologie

Vor vielen Jahren war ich Pastor einer Gemeinde in Australien. Sharon und ich waren schon lange genug dort gewesen, dass die Leute manches über uns herausfinden konnten. Einem bestimmten Ehepaar waren besonders zwei Eigenschaften an mir aufgefallen. Sie wussten, dass ich Gemüse hasste, und sie wussten, dass ich einen Sinn für Humor hatte. Sie hatten bemerkt, dass ich Späße nicht nur freizügig austeilen sondern sie auch einstecken konnte.

Eines Abends aßen wir gemeinsam mit diesem Ehepaar aus der Gemeinde zu Abend. Die Frau hatte hart daran gearbeitet, für mich eines meiner australischen Lieblingsdesserts zu bereiten, Pavlova. Für jene unter euch, die mit dieser wunderbaren Delikatesse nicht vertraut sind: Pavlova ist eine Art Kuchen, aber mit einem festen Baiser umhüllt.

Nachdem wir die Gemeinschaft beim Essen genossen hatten brachte unsere Gastgeberin den Kaffee und das Dessert. Als ich es sah leuchteten meine Augen. Pavlova! Ich konnte es kaum erwarten den ersten Bissen zu nehmen. Während ich noch mit ihrem Ehemann redete schnitt sie ein Stück herunter und legte es vor mich auf den Teller.

Als meine Gabel in den Kuchen glitt sah ich ein paar kleine, feste Stückchen, aber ich war zu sehr beschäftigt um wirklich darauf zu achten. Ich bemerkte, dass mich das Paar ansah, aber ich war zu vertieft, um auch das bewusst wahrzunehmen. Erst als ich den Bissen im Mund hatte, wusste ich sofort, warum mich die beiden so anstarrten! Unsere Gastgeberin hatte Blumenkohl mitten unter die Kuchenmasse gemischt!

Dieses Pavlova ist ein perfektes Gleichnis für Katzen und Hunde in der Kirche von heute. Von außen betrachtet ist es sehr schwierig den Unterschied zwischen Katzen und Hunden festzustellen. Warum?

Weil Katzen und Hunde von außen betrachtet gleich aussehen – nur vom Hinsehen kannst du nicht feststellen, wer wer ist. Beide haben Christus in ihr Leben eingeladen. Beide gehen in die Gemeinde. Beide beten. Beide haben ihre Stille Zeit. Von außen betrachtet tun beide so ziemlich das Gleiche. Aber innen drin haben sie eine völlig unterschiedliche Einstellung. Der eine sagt »Es geht bei allem um mich«, der andere sagt »Es geht bei allem um Gott«.

Zwei Wege in den Himmel

Einen Unterschied zwischen Menschen mit einer Katzentheologie und Menschen mit einer Hundetheologie kann man in der Gemeinde genau feststellen, wenn es darum geht, was sie für den Himmel motiviert. Solltest du es noch nicht bemerkt haben, Hunde und Katzen kommen aus ganz unterschiedlichen Motiven in den Himmel. Obwohl es nur einen Weg zum Himmel gibt, gibt es doch verschiedene Gründe warum jemand dort hin gelangen will.

Katzen erkennen die Möglichkeit der Hölle und laufen, oder besser rennen, davor weg. Wenn sich die Hölle ganz auf der rechten Seite befindet und der Himmel ganz links, dann bewegen sich Katzen zwar von rechts nach links (in Richtung Himmel), aber sie gehen rückwärts, ihren Blick auf die Hölle gerichtet. Eine Katze sagt: »Ich will nicht in die Hölle kommen. Ich will nicht in die Hölle kommen. Ich will nicht in die Hölle kommen.«

Katzen finden heraus, dass sie Christus in ihr Leben einladen können. Daher beugen sie ihre Häupter und sprechen ein Gebet. Dann fügen sie noch ein bisschen Glauben dazu und sagen: »Preis den Herrn, wir kommen nicht in die Hölle.« Wenn Katzen das tun, dann sind sie hauptsächlich mit sich selbst beschäftigt. Sie konzentrieren sich nur auf ihr eigenes Leben. Sie erhaschen nur einen flüchtigen Blick auf Christus, wenn sie über ihre Schulter blicken. Zwar ist das kein schlechter Start, es ist aber bei weitem noch nicht das, was Gott möchte.

Hunde wollen aus anderen Gründen in den Himmel kommen. Hunde bewegen sich ebenfalls von der Hölle in Richtung Himmel, auch sie gehen von rechts nach links, aber sie gehen vorwärts. Die Hölle liegt hinter ihnen. Der Himmel steht vor ihren Augen. Ein Hund sagt: »Ich habe jemanden gefunden der nicht nur schön ist, er ist die Schönheit selbst. Ich habe jemanden gefunden der nicht nur mächtig ist, er ist allmächtig. Ich habe jemanden gefunden der nicht nur liebt, er ist die Liebe. Ich muss ihm einfach mein Leben ausliefern.«

Die Erlösung nach Hundeart wird in Matthäus 13,44 beschrieben: *»Das Reich der Himmel gleicht einem im Acker verborgenen Schatz, den ein Mensch fand und verbarg; und vor Freude darüber geht er hin und verkauft alles, was er hat, und kauft jenen Acker.«*

Beachte, dass der Mensch zuerst den Schatz fand und *dann* erst geht er hin und verkauft alles was er hat und kauft den Acker. Er tut das alles aus Freude. Vor *Freude* verkauft er alles was er hat und kauft den Acker. Warum? Weil er einen Schatz gefunden hatte der mehr Wert besaß als alles was er hatte. Freudig gibt er alle anderen Besitztümer auf um diesen einen, großen Schatz zu erhalten.

Wenn wir Seminare abhalten dann stellen wir immer die Frage: »Wie viele von Euch kennen Christen denen es total an Freude mangelt?« Die Mehrheit unserer Zuhörer zeigt auf. Wir haben eine Ursache entdeckt, warum so vielen Christen die Freude fehlt: Ihre Errettung ist im Grunde nicht mehr als eine Feuerversicherung und sie laufen nur vor der Hölle davon und sind völlig auf sich selbst konzentriert. Sie haben den Schatz nie gefunden. Denk einmal darüber nach. Niemand hat Freude daran vor der Hölle davonzulaufen. Erleichterung wohl, aber Freude? Nein.

Gewissheit der Erlösung

Auch in der Heilsgewissheit unterscheiden sich Katzen und Hunde. Viele Katzen wissen deshalb, dass sie Christen sind, weil sie »ein Gebet gesprochen haben«. Ein Gespräch mit ihnen könnte in etwa so ablaufen:

»Du bist also Christ, stimmt das?«

»Oh ja«, antwortet die Katze, »Ich habe im Gebet Jesus angenommen. Ich kann mich noch erinnern. Es war in der sechsten Klasse. Unser Pastor gab eine Einladung und irgendwie fühlte ich mich dazu gedrängt aufzustehen. Ich weiß, dass Gott zu mir redete. Tränen rollten mir übers Gesicht. Ich ging nach vorn und übergab mein Leben Jesus.«

»Und wie geht es dir jetzt so im Leben?«

»Eher nicht so gut«, sagt die Katze, »Wir leben gerade in Scheidung. Die Kinder bekommen am meisten davon ab. Ich will ihnen nicht wehtun, aber ich kann mit diesem Menschen einfach nicht zusammenleben.«

»Und wie geht es dir in der Stillen Zeit?«

»Tja, zur Zeit habe ich keine. Ich weiß, ich sollte mir die Zeit nehmen, aber ehrlich gesagt, bin ich ärgerlich auf Gott, sogar bitter.«

»Aber du bist doch Christ?«

»Ja, ich habe ihn im Gebet eingeladen«

Diese Art von Erlösung funktioniert so, dass, wenn jemand eine Katze fragt: »Bist du Christ?«, sie antwortet: »Ja, ich bin errettet!«. Was drückt die Katze damit aus? Dass es beim christlichen Glauben nur darum geht vor der Hölle bewahrt zu werden. Der Schwerpunkt des christlichen Glaubens besteht für sie darin, dass sie nicht in die Hölle kommen, und im Übrigen dreht sich alles um ihr eigenes Leben.

Hunde antworten ganz anders wenn sie gefragt werden ob sie Christen sind. Das Gespräch mit einem Hund könnte in etwa so ablaufen:

»Bist du Christ?«

»Oh ja«, antwortet der Hund.

»Woher weißt du das?«

»Oh, ich bin ganz begeistert von Christus und ich möchte nichts mehr, als dass seine Herrlichkeit strahlt. Ich möchte, dass sie in der Arbeit sichtbar wird. Ich möchte, dass sie bei uns zu Hause leuchtet, durch meine Familie, auf jedem Gebiet meines Lebens und ich möchte miterleben wie sie sich auf alle Völker der Erde ausbreitet.«

»Hast du auch ein Gebet gebetet?«

»Als ich noch klein war habe ich das gemacht. Aber erst während meines Studiums wurde mir bewusst, dass Gott so wunderbar und erstaunlich ist, dass ich gerne und voll Freude alles für ihn aufgeben möchte um ihm zu gefallen!«

Katzen beweisen ihre Erlösung durch ein Gebet das sie sprechen und sie setzen ihr Vertrauen auf dieses Gebet als Bestätigung, dass sie gläubig sind, was ohne weiteres auch stimmen kann. Hunde zeigen ihre Erlösung an Hand der Tatsache, dass sie nach Gott hungern und immer mehr von ihm in ihrem Leben sehen und durch ihr Leben ausstrahlen wollen. Sie wissen, das garantiert ihnen, dass sie Gläubige sind.

Gebet

Katzen und Hunde verstehen auch das Beten ziemlich unterschiedlich. Es stimmt zwar, dass Hunde und Katzen die exakt gleichen Gebete sprechen können, aber sie verstehen etwas anderes darunter. Nehmen wir als Beispiel das Gebet: »Lieber Herr, wir bitten Dich unsere Gemeinde zu segnen.«

Da sollten bereits unmittelbar Warnlampen aufleuchten. Katzen beten ausschließlich für *ihre* Gemeinde, nicht aber für das umfassendere Reich Gottes, für andere Gemeinden in ihrer Umgebung und überall auf der Welt. In vielen Kirchen wird immer (und ausschließlich) für die *eigene* Gemeinde gebetet. Aber abgesehen davon können ihre Gebete alles Mögliche umfassen. Denk daran, dass es von außen betrachtet schwierig ist, in der Gemeinde Hunden und Katzen von einander zu unterscheiden. Erst wenn wir uns auf die innere Einstellung konzentrieren merken wir, dass etwas anders ist.

Im Herzen könnte eine Katze etwa beten:

»Vater, du weißt, dass wir einen neuen Turnsaal für die Jugend brauchen; und Herr, unser Parkplatz ist gerammelt voll, wir verlieren dadurch Besucher (unsere Anzahl geht zurück); und Gott, die Orgel ist wirklich schon alt (gar nicht zu reden von unserem Teppich). Wir bitten dich einfach darum, es einigen reichen Leuten in unserer Gemeinde aufs Herz zu legen zu geben bis es wehtut, damit wir deinen Segen empfangen.«

Gott könnte aber etwas ganz anderes aus demselben Gebet eines Hundes heraus hören. Wenn ein Hund sagt: »Lieber Herr, wir bitten Dich unsere Gemeinde zu segnen.«, könnte er vielleicht etwas meinen, das sich so anhört:

»Herr, gib uns Weisheit die jungen Leute in unserer Gegend zu erreichen und schenke unserer Jugend einen Hunger danach und eine Vision dafür, Deinen Ruhm aufs Missionsfeld zu tragen; und Herr, zeige uns welcher Volksgruppe wir uns besonders annehmen sollen; Vater, wir beten auch dafür, in der Inneren Stadt Fuß fassen zu können – wir erkennen noch so wenig von Deiner Herrlichkeit in dieser Gegend; und es gibt auch so viele internationale Familien, die hier leben; zeige uns wie wir sie zu Deinem Ruhm erreichen können.«

Katzen drücken im Wesentlichen aus: »Lieber Herr, wir kommen mutig zu Dir und bitten Dich dabei um Hilfe, unser Reich zu bauen.« Katzen beten für jene Dinge die sie gerne hätten, Dinge, die ihr Leben bequemer und einfacher machen. Es klingt immer so: »Vater, bitte gib mir . . ., bitte lass mich . . ., bitte bring mich . . .«.

Hunde nähern sich Gott ebenfalls in kühner Weise, aber sie sagen: »Herr, wir kommen voller Glauben zu Dir, weil wir Dinge von Dir benötigen die uns helfen Dein Reich voranzutreiben. Wir möchten, dass Du gerühmt wirst. Und wir wissen, Du wirst unsere Gebete beantworten.«

Es klingt also so: »Vater, lass Deine Herrlichkeit durch diese Krankheit erstrahlen. Erlaube es mir, Dich dadurch zu verherrlichen, wie ich mit meinen Eltern umgehe, mit meinem Ehemann, meinen Kindern. Vater, Dein Ruhm erstrahlt noch nicht in dieser Provinz von Südafrika, in ganz Nordafrika, in Indien und in Pakistan; daher, Vater, berufe doch bitte Arbeiter, die Deinen Ruhm bis an die Enden der Erde verkündigen.«

John Piper vergleicht das Gebetsleben vieler Leute (Katzen) mit einer Haus-Sprechanlage, die eine Familie dazu verwenden kann, um etwas in der Küche zu bestellen. Beim Gebet geht es aber um viel mehr als darum, Gott zu bitten, uns Köstlichkeiten aus der Küche zu besorgen. Und doch verwenden viele Katzen das Gebet in diesem Sinn. Hunde hingegen verwenden das Gebet im Interesse Gottes, um sein Reich voranzutreiben, nicht ihr eigenes.

Eine Gemeinde in Colorado lebte ihre Katzentheologie aus, indem sie dem Missionsfonds (Gottes Reich) Geld entnahm, wodurch Missionare ihre Unterstützung nicht erhielten, und um dieses Geld eine neue Orgel (ihr Reich) kauften. Sie hatten so sehr für eine neue Orgel gebetet, dass sie die Notwendigkeit von Mission fortargumentierten und sich auf ihre eigenen Bedürfnisse konzentrierten. (Einige Jahre später schloss diese Gemeinde ihre Pforten).

Beten Hunde dann überhaupt um Segnungen? Ja, aber darum geht es ihnen erst in zweiter Linie und nicht vorrangig. Und wenn sie für sich selbst beten, dann meistens so, dass sie im Leben anderer Menschen noch mehr bewirken können. Beten Hunde auch für ein schöneres Auto oder eine größere Wohnung? Ja, aber nur wenn sie diese wirklich benötigen und nicht, weil sie es nur gerne hätten.

Anbetung

Auch die Anbetung von Katzen und Hunden ist sehr verschieden.

In der Katzentheologie beten Katzen Gott dafür an was er für sie getan hat. Das hört sich dann so an: »Danke für all die wunderbaren Dinge, die Du für mich getan hast. Du hast mich versorgt; Du hast mich beschützt; Du hast mir dies und das gegeben und noch mehr. Danke!«

Nun das ist grundsätzlich nicht falsch, außer es ist alles woran du denken kannst, außer es geht nur um dich, dich, dich.

In der Hundetheologie beten Hunde Gott vor allem dafür an, wer er ist und erst in zweiter Linie dafür, was er für sie getan hat. Das hört sich vielleicht so an: »Oh Vater, Du bist ein erstaunlicher Gott. Du bist barmherzig und gerecht. Deine Kreativität ist wunderbar und deine Herrlichkeit ist großartig. Und Vater, Du bist ein Gott der Liebe. Du liebst die Moslems, die Hindus, die Buddhisten und Du liebst uns! Wir verehren Dich und alles das, wofür Du stehst. Mögen alle Menschen Dich dafür anbeten wer Du bist!«

Du würdest Dich wundern wüsstest du, wie viele Songs heute aus der Perspektive einer Katzentheologie geschrieben werden. Sehr viele Anbetungslieder beinhalten die Themen »ich, mir, mich und mein«. Die Worte dieser Songs konzentrieren sich darauf, was der Beter alles vom Herrn empfängt.

Sind diese Lieder falsch? Nicht unbedingt. Es hängt alles von der Sichtweise dessen ab, der anbetet. Katzen und Hunde können die gleichen Lieder singen, den Inhalt aber völlig unterschiedlich verstehen. Der eine konzentriert sich auf Gottes Herrlichkeit, der andere auf sich selbst.

Ein Pastor hörte am Sonntagmorgen eine Botschaft über »Katzentheologie und Hundetheologie«. Am Montagmorgen ging er in sein Büro um einige Arbeiten zu erledigen und legte eine Musik-CD auf. Nach fünf Minuten fühlte er sich von dieser CD so abgestoßen – sie war voller Katzentheologie – dass er sie abschalten musste. (Es tut uns leid, wenn wir auf diese Weise deinen bisherigen Musikgeschmack ruinieren sollten).

Hundetheologie zu verstehen kann dazu führen, dass du deine Sichtweise von so ziemlich allem im Leben überdenkst!

Gott als Herr

Schauen wir uns einen anderen Unterschied zwischen Katzen- und Hundetheologie an: die Bedeutung der Herrschaft Gottes.

In der Theologie der Katzen ist die Herrschaft Gottes sehr begrenzt. Verstehst du, Katzen lieben es Gott zu dienen, solange es Spaß macht. Sie wissen, dass es gut für ihre Seele ist und dass es Gott gefällt. Wenn es allerdings keinen Spaß mehr bereitet, dann nennen sie Gott nicht mehr ihren Herrn und dienen ihm nicht mehr so wie sie es tun sollten. Er ist nur so lange ihr Herr wie sie dadurch Segen erleben.

Lass nicht außer Acht, dass auch Katzen Gott nahe sein wollen. Sie wollen seine Herrschaft, aber sie wollen nicht, dass ihr Leben damit in Konflikt gerät. Wenn ein solcher Konflikt entsteht, dann ist er nicht mehr ihr Herr. Oh, Katzen wollen am christlichen Spiel weiter beteiligt sein. Sie gehen weiter zur Kirche; sie sagen immer noch: »Preis den Herrn«; aber in ihren Herzen treffen sie jene Entscheidungen, die ihr Leben für sie angenehmer machen.

In der Theologie der Hunde hingegen ist Gott vollständig Herr – immer, überall und in jeder Situation. Hunde gehorchen sogar dann, wenn sie es nicht wollen, sogar dann, wenn es bedeutet auszuwandern. Hunden ist es völlig bewusst, dass, als sie den Schatz fanden, dessen Wert für sie mehr bedeutete als ihr Leben oder die Dinge des Lebens! Und wenn von ihnen verlangt wird zu springen, dann stellt sich nur die Frage »Wie hoch?«. Sie gehorchen mit ganzem Herzen. Warum? Weil sie in Gott einen Schatz gefunden haben und weil sie ganz darauf ausgerichtet sind, ihm zu gefallen.

Die Hälfte Gottes

Hier ist ein weiterer Unterschied zwischen Katzen und Hunden: Katzen kennen nur »die Hälfte Gottes«. Was bedeutete das? Sie beschäftigen sich mit Gottes Liebe, Barmherzigkeit und Gnade, aber niemals damit, dass er die Sünde hasst, mit seinem Zorn und seinem Gericht. Eine Katze will alle Eigenschaften Gottes die das Leben ungemütlich machen würden, nicht anerkennen und sich daher auch nicht damit beschäftigen. Nehmen wir zum Beispiel eine dieser unerfreulichen Eigenschaften- das Gericht Gottes über die Sünde.

Eine Katze würde nie davon ausgehen, dass Gott sie verurteilen könnte. »Gott würde mich nie richten. Er liebt mich! Er starb für mich! Er wird mich nicht verurteilen.« Besonders in Amerika können Katzen den Gedanken nicht verstehen, dass Gott Amerika zu ihrer Lebenszeit richten könnte. (Sie würden das nie sagen, aber sie denken beinahe, Gott sei ein Amerikaner!). Sie konzentrieren sich so sehr auf Gottes Liebe, dass sie sich nie die Zeit nehmen darüber nachzudenken, dass Gott ihre Sünde hasst.

Irgendwie scheint die ganze westliche Welt in der Katzentheologie stecken geblieben zu sein. Halte einmal inne und denke darüber nach, was Amerika und Europa im Alltag zu Gott kommunizieren:

- Herr, wir wollen Dich nicht in unserer Regierung; wir haben die Kirche vom Staat getrennt.
- Herr, wir wollen Dich nicht an unseren Schulen; tut uns leid, aber Schüler dürfen dort nicht öffentlich beten.
- Herr, wir wollen Dich nicht in unserem Bauch; Deine Definition von Leben unterscheidet sich stark von unserer; und außerdem müssen Frauen das Recht haben, sich frei zu entscheiden.
- Und Herr, wir haben das Recht, Pornographie zu erzeugen und über die ganze Welt zu verbreiten, ebenso wie unsere Fernsehshows, die für einen Lebensstil werben, der Deinem Wort widerspricht; denn Herr, wir haben das Recht auf freie Meinungsäußerung.
- Aber Herr, Du siehst, dass uns Terroristen angreifen. Bitte segne und beschütze uns.

Was für eine Heuchelei! Wenn Amerikaner singen »Gott segne Amerika«, dann steht das im Widerspruch dazu, dass sie ihn aus der Regierung, aus den Schulen und ihrem Bauch verbannt haben, dass sie weltweit die Nummer Eins im Export von Pornographie sind und Fernsehshows produzieren, die vor lauter Szenen stinken, die der Herr verabscheut. Wie man sieht, wollen Katzen zwar die Vergünstigungen (Gottes Segen und Schutz), aber nicht die Verantwortung (Gottes Gesetze). Alles dreht sich nur um sie!

Hunden ist die Tatsache sehr bewusst, dass Gott richtet. Sie sehen, wie Gott David richtete, weil er seine Soldaten zählte und wie in der Folge 70 000 Menschen sterben mussten (1.Chr.21,1–17). Sie wissen, dass Gott Moses richtete, weil dieser den Felsen schlug statt nur zu ihm zu sprechen, wie ihm befohlen worden war (4.Mo. 20,9–10).

Hunden ist bewusst, dass Gottes Heiligkeit sich bei denen, die er liebt, nicht mit Ungehorsam abfinden wird. Ja, er richtet auch die, die er liebt. Hunde erkennen, dass ein liebender Gott die terroristischen Angriffe Amerika und der christlichen Welt als Weckruf geschickt hat, indem er sehr wenige (3 000 Menschen) richtete, damit das übrige Amerika (290 Millionen Einwohner) Buße tun sollte.

Vielleicht ist jetzt der richtige Zeitpunkt um den Ruf »Gott, segne Amerika« zu ändern in »Amerika, lobe Gott!«.

Willst du noch mehr Unterschiede?

Für Katzen bestimmt sich Erfolg in den Augen der Menschen. »Wie groß ist deine Gemeinde? Wie viele Taufen planen wir im Jahr? Wie viele nehmen an der Sonntagsschule teil?« Hunde definieren Erfolg aus dem Blickwinkel Gottes. Die Frage ist nicht »Wie groß ist deine Gemeinde?« sondern »Gehorchen die Leute, denen wir dienen, dem Herrn und beten ihn an?«

Bei Katzen ist Buße nicht »in«, Selbstwertgefühl ist »in«. Bei Hunden ist Buße Teil ihres Lebens und Heiligkeit ist »in«.

Katzen hungern danach in der Gemeinde unterhalten zu werden. Hunde hungern danach Gott anzubeten und seine Herrlichkeit widerzuspiegeln.

Katzen lieben es, Kopfwissen zu haben. Bibel-Trivia zu spielen macht Spaß. Sie können viele Fakten aus der Bibel nennen, wissen sie aber nicht anzuwenden. Hunde lieben was sie näher zu Gott zieht. Sie sind mehr daran interessiert Gott zu gehorchen, als nur etwas über ihn zu wissen.

Katzen wollen das ganze Bild kennen bevor sie Gott gehorchen. Hunde sind damit zufrieden, dem Bisschen zu gehorchen, das Gott ihnen gezeigt hat.

Katzen glauben die Gemeinde lebt im Frieden. Hunde glauben die Gemeinde befindet sich im Krieg.

Für Katzen ist Wahrheit etwas Willkürliches – sie ändert sich, wenn der Wind dreht. Hunde haben eine absolute Wahrheit – sie ändert sich niemals.

Katzen haben eine »Wohlfühltheologie«. Hunde haben eine »Gehorsamstheologie«.

Katzen verstehen Mission so, dass sie die ausländische Familie erreichen sollen, die das Geschäft um die Ecke betreibt. Hunde sehen Mission darin, dass sie die Herrlichkeit Gottes allen Völkern und Sprachgruppen auf der Welt verkündigen sollen, besonders jenen im 10/40 Fenster.

Katzen halten ihre Kinder davon ab aufs Missionsfeld zu gehen. Hunde ermutigen sie aufs Missionsfeld zu gehen.

Katzen können sich nicht vorstellen, dass ein liebender Gott jemanden in die Hölle schicken könnte. Hunde wissen, dass die Hölle existiert, weil Gott heilig und gerecht ist und versprochen hat, Sünde zu richten.

Manche Katzen können sich nicht vorstellen, warum Gott jemanden wegen einer endlichen Anzahl von Sünden ewig leiden lassen sollte. Hunde wissen, dass die Hölle ewig ist, weil die unendliche Herrlichkeit zurückgewiesen wurde.

Katzen sehen wie eine Einwandererfamilie im Nebenhaus einzieht und denken »Die Nachbarschaft wird auch immer schlechter«. Hunde sehen darin eine Gelegenheit, Menschen aus einer anderen Kultur Gottes Herrlichkeit offenbaren zu dürfen.

Katzen wollen, dass ihre Kinder ihnen Ehre bringen. Hunde wollen, dass ihre Kinder Gott Ehre bringen.

Katzen sehen ihren Job als Mittel um reich zu werden. Hunde sehen ihren Job als Gelegenheit zu dienen.

Katzen denken, Gott sei ein Mittel zum Ziel. Hunde denken, Gott ist das Ziel.

Diese Unterschiede könnten wir weiter und weiter fortsetzen.

3 Nicht falsch, nur unvollständig

Sharon und ich (Gerald) haben einen ungewöhnlichen Sinn für Humor, der im Verlauf unserer Ehe üppig wucherte und uns viele Jahre mit wertvollen Erinnerungen bescherte. Oft erzählen wir einander Witze und spielen uns Streiche. (Okay, ich erzähle die Witze und spiele die Streiche, aber sie hört zu und hat ihren Spaß daran, das Opfer meiner Pointe oder meines Streiches zu sein).

Unsere Schlafgewohnheiten unterscheiden sich. Sie ist ein Morgenmensch und ich bin ein Nachtmensch. Ich husche ins Bett lange nachdem sie eingeschlafen ist und wanke aus dem Schlafzimmer, lange nachdem sie munter ist. Aber ich versuche, das Bett für sie aufzudecken bevor sie schlafen geht, und ich versuche, mein Bett zu machen, wenn ich aufstehe.

Eines Tages musste sie mein schelmisches Grinsen bemerkt haben und fragte mich, was los sei. Ich lächelte einfach weiter und versuchte, mir nichts anmerken zu lassen. Sie aber drang weiter in mich und wollte wissen, was ich getan hatte und woran ich dachte. Aber ich lächelte nur. Sie ließ nicht locker, bis ich endlich nachgab und sagte: »Oh, nichts weiter. Ich habe nur das Bett für dich gemacht.« Aber mein Kichern hatte wohl ihren Verdacht weiter genährt.

»Was hast du getan?«, fragte sie.

»Nichts, ich habe nur das Bett gemacht!«, antwortete ich.

»Hast du mir wieder eine zu kurze Decke gegeben?«

»Nein«

»Was hast du dann gemacht?«

»Nichts, ich habe nur das Bett gemacht!«

»Hast du mein Kissen gestohlen?«

»Nein«

»Hast du mir das Laken weggenommen?«

»Nein«

»Was *hast* du gemacht?«

»Nichts. Du bist so misstrauisch.« Ich begann wieder zu kichern und schelmisch zu grinsen.

»Das schaue ich mir an.«

Sie ging nach oben und dann hörte ich sie im Schlafzimmer loslachen. Ich hatte nämlich das Bett gemacht, aber nur die Hälfte, wo ich geschlafen hatte. Wunderschön, gerade, sauber gefaltet und fast perfekt auf der einen Seite, knautschig, durcheinander und voller Falten auf der anderen Seite.

Meine Aussage »Ich habe das Bett gemacht« stimmte, aber sie war unvollständig. Ich hatte nur einen Teil vom Gesamtbild vermittelt, was die Tatsachen gehörig verzerrte.

Bei vielen Fernsehdramen aus dem Gerichtssaal wird jemand vereidigt und gefragt: »Schwören sie die Wahrheit zu sagen, die ganze Wahrheit und nichts als die Wahrheit?«. Dadurch – durch die ganze Wahrheit – soll ein korrektes Bild von der Sache gewonnen werden. Katzentheologie vermittelt kein korrektes, vollständiges Bild von Gottes Wort, seinem Willen oder seinen Plänen. Katzentheologie ist nicht falsch, aber unvollständig. Und weil sie unvollständig ist, verzerrt sie das, was Gott will und was er uns zu sagen hat.

Sehen wir uns an, wie sich das im christlichen Leben auswirkt.

Katzen sind vor der Hölle errettet, aber ihre Version vom Evangelium macht hier halt. Sind sie einmal gerettet, Hallelujah! »Preis den Herrn, ich komme in den Himmel.«

Für Hunde hingegen ist die Errettung nur ein Schritt auf dem Weg zum wahren Zweck ihres Lebens und dahin, worum es beim Evangelium eigentlich geht. Hunde sind vor der Hölle und *zur* Anbetung errettet. Sie wissen, dass ihre Erlösung einem einzigen Zweck dient, in der Gegenwart Gottes zu sein und ihn anzubeten. Und Hunde lernen das vierundzwanzig Stunden am Tag und sieben Tage die Woche zu tun.

Es macht nämlich einen großen Unterschied, ob man *von* etwas oder *für* etwas gerettet ist. Wenn du *von* etwas gerettet bist, dann liegt deine Aufmerksamkeit bei dir, was du dadurch erhältst. Deine Erlösung bedeutet für dich dann

- dass *du* nicht in die Hölle kommst
- dass *du* nicht die Strafe zahlen musst, die du verdienst
- dass Gott zu *dir* barmherzig ist
- dass *du* Gottes Gnade empfängst
- dass *du* in alle Ewigkeit bei Gott sein wirst
- dass Gott für *dich* im Himmel einen Platz in einer Wohnung seines Vaters bereitet!

Wenn du *für* etwas gerettet bist, dann liegt deine Aufmerksamkeit bei Gott. Und deine Erlösung bedeutet für dich dann:

- auf Gottes Barmherzigkeit hinzuweisen
- ihn anzubeten
- ihm die Ehre zu geben, die er verdient
- seinen Namen hoch zu erheben
- ihn für seine Größe zu rühmen
- ihm für immer und ewig Loblieder zu singen

Ist es also falsch zu meinen, dass wir *vor* der Hölle gerettet sind? Wir betonen, nein, aber dort darf es nicht stehen bleiben. Das alleine ist unvollständig. In der Katzentheologie geht es nur darum in den Himmel zu gelangen. Hundetheologie schließt das mit ein, aber sie geht darüber hinaus und umfasst auch die Herrlichkeit Gottes auszustrahlen und zu offenbaren.

Gebete

Eine unvollständige Katzentheologie kann sich auch in unseren Gebeten äußern. Hör dir einmal das folgende Gebet an:

Danke, Herr, dass Du am Kreuz für unsere Sünden gestorben bist. Amen«

Bemerkst du das abrupte Ende nach »bist«? Dieses Ende bedeutet »abgeschlossen; Ende des Gedankens; fertig«. Es gibt keinen Hinweis, *warum* er am Kreuz für unsere Sünden starb und damit wird nahe gelegt, dass es dabei um uns ging. Das Gebet ist daher nicht falsch, aber es ist unvollständig.

Wenn Hunde dieses Gebet hören, liegt ihnen auf der Zunge: »Beende das Gebet. Schließe es ab. Er starb für unsere Sünden am Kreuz, *damit* wir ihn ehren, damit wir ihn verherrlichen, und damit wir auf ihn und seine Barmherzigkeit hinweisen!« Katzen dagegen sind nur über ihre Sünden besorgt, daher schließen sie ihr Gebet damit ab, dass sie dankbar dafür sind, dass ihre Sünden vergeben sind. Und der wesentlichere Grund, warum Christus für sie starb, entgeht ihnen: »damit die Nationen Gott für seine Barmherzigkeit verherrlichen mögen«. (Röm.15,9)

Segnungen

Einer der umfangreichsten Bereiche in dem Katzentheologie unvollständig ist liegt in der Frage, warum sie gesegnet werden. Gott segnet uns aus einem bestimmten Grund. Lies 1. Mose und lerne aus der Begründung, warum Gott Abraham segnete:

> Ich will dich zu einer großen Nation machen,
> und ich will dich segnen,
> und ich will deinen Namen groß machen,
> und *du sollst ein Segen sein*!
> Und ich will segnen, die dich segnen,

und wer dir flucht, den werde ich verfluchen;
und *in dir sollen gesegnet werden*
alle Geschlechter der Erde!

Gott segnete Abraham *damit* er ein Segen sein würde, nicht nur für seine unmittelbare Umgebung, sondern für alle Menschen auf der Erde. Uns segnet Gott aus demselben Grund. Wir sind gesegnet um ein Segen zu sein. Gott möchte, dass sein Segen durch uns weiterfließt bis an die Enden der Erde.

Katzen wollen ihre Segnungen in einem Eimer sammeln und für sich behalten. Aber Segnungen waren nie dazu bestimmt in einem Eimer gehortet zu werden. Hunde sehen sich wie einen Gartenschlauch oder eine Pipeline, deren Zweck es ist, mit Wasser gefüllt zu werden, um dieses an einen anderen Ort zu transportieren, nicht wie einen Wasserhahn, der sich nur öffnet, um Segnungen an sich selbst abzugeben. Hunde freuen sich über die Segnungen und geben sie an andere weiter.

Hunde sehen sich als Verbindungsglied oder Pipeline für Segnungen. Sie verstehen, dass Gott einen Plan für die Segnungen hat, die er uns anbietet. Gott weiß, wen er *durch* dich morgen segnen möchte, oder nächste Woche, nächstes Jahr und für den Rest deines Lebens! Er blickt durch dich hindurch auf andere und er möchte, dass andere ihn durch dich hindurch sehen können. Es ist sein Verlangen von Menschen aus allen Sprachen, allen Stämmen und allen Völkern erkannt zu werden. Und das ist einer der entscheidenden Gründe, warum Gott dich segnen möchte.

Aber Katzen halten an bevor sie das größere Ziel vor Augen haben, ein Segen für andere zu sein und dadurch bleibt das Ziel Gottes für sie unvollständig. Sie behalten die Segnungen Gottes gerne für sich, selbst statt sie an andere weiterzuleiten. Diese Unvollständigkeit kann man in allen Sonntagsschul-Lektionen erkennen, die uns aus der Bibel gelehrt wurden. Nimm zum Beispiel die Geschichte von Daniel in der Löwengrube. Was lernen wir daraus? Dass Gott auch in schwierigen Zeiten für uns sorgt. Diese Lektion ist nicht falsch, aber unvollständig. Warum? Weil sie nur enthält, was Gott für uns tut – sein Verlangen, uns zu segnen. Was aber ausgelassen wurde ist der Grund, warum Gott uns segnet!

Erinnerst du dich an die Geschichte. Der König findet heraus, wer die wirklich Bösen sind. Er holt Daniel wieder aus der Löwengrube heraus und wirft die Bösen hinein. Dann schreibt er einen Brief an alle Könige der Erde, in dem er ihnen mitteilt: »Ich habe ein Dekret erlassen, dass die Menschen in allen Teilen meines Königreiches den Gott Daniels fürchten und verehren müssen.« (Dan.6,26). Was geschieht hier? Da gibt es einen heidnischen König, der Gott bei allen anderen heidnischen Königen der Welt berühmt macht.

Das ist die zweite Lektion die wir aus Daniel in der Löwengrube lernen können: Wenn Gott sich um dich annimmt werden Menschen aus verschiedenen Ländern und Kulturen davon so beeindruckt sein, dass sie hingehen werden, um anderen Leuten in ihrem Land von Gott zu berichten! Und wie wenden Hunde das auf ihr Leben an? Sie lehren, dass wir Menschen aus anderen Ländern und Kulturen um uns herum kennen lernen sollen, damit sie unser Leben beobachten können und damit wir dadurch Gott bei ihnen bekannt machen können. Katzen lernen diese Lektion nur selten. Es scheint, dass sie ganz damit zufrieden sind »gesegnet« zu sein. Was sie gelernt haben ist nicht falsch, aber unvollständig.

Noch ein Beispiel? Wie wär's mit der Bitte Salomos an Gott, ihm Weisheit statt weltlichen Vergnügungen zu schenken? Gott schenkte ihm dann zusätzlich zur Weisheit auch weltliche Segnungen. Was lernen Katzen daraus? Wenn sie Gott um Weisheit bitten, wird er sie zusätzlich zur Weisheit, die er ihnen schenken wird, auch segnen. Aber obwohl das stimmt, ist es doch nur die halbe Geschichte. Und was ist die andere Hälfte?

Hunde finden sie verknüpft mit dem Ruf Salomos. Salomo hatte mehr Reichtümer und Weisheit als alle anderen Könige auf dem Angesicht der Erde. Daher kamen andere aus den fernsten Gegenden, um die Weisheit zu sehen, die Gott ihm gegeben hatte (1.Kön.10, 23–24). Man könnte auch sagen, dass Salomo internationale »Weisheitsseminare« abhielt. (Don Richardson, der Missionar, Autor und bekannte Redner prägte diesen Ausdruck).

Und was lesen wir im Buch der Sprüche darüber, was Salomo lehrte? »Die Furcht des HERRN ist der Weisheit Anfang; und Erkenntnis des allein Heiligen ist Einsicht.« (Spr.9,10). Salomo machte Gott berühmt und segnete andere Völker mit seinem Wissen von Gott.

Wie können wir das auf uns anwenden? Gott hat die westliche Welt mit einigen der größten Einsichten und Technologien gesegnet, so dass Menschen aus der ganzen Welt zu uns kommen, um an unseren Unis und in unseren Unternehmen etwas zu lernen. Und obwohl das eine großartige Gelegenheit ist, Gott unter internationalen Studenten, die bei uns leben, bekannt zu machen, berichtet uns z. B. die Organisation »International Students Incorporated«, dass 70 bis 80% aller internationalen Studenten nie in eine amerikanische Familie eingeladen werden. Warum? Weil wir in Katzentheologie verstrickt sind. Katzen sind so darauf fokussiert wie sie von Gott gesegnet werden können, dass sie überhaupt keine Zeit haben, über Menschen aus anderen Ländern nachzudenken, geschweige denn sie einzuladen, ein Teil ihres Lebens zu werden und dadurch Gott berühmt zu machen!

Brauchst du noch mehr Beispiele?

Wie wäre es mit der Aufforderung, vor Gott still zu werden (Ps.46,10)? Sicher kennst du den Rest des Verses. Ergänze ihn einfach: »Seid still und .... ;

....

Mit hoher Wahrscheinlichkeit hast du den Rest des Verses nicht eingeschrieben. Ja, natürlich erinnerst du dich an den Teil »wisse, dass ich Gott bin«, aber das ist nur das erste Drittel des Verses. Was steht im übrigen Vers? »Seid still und erkennt, dass ich Gott bin; ich werde erhöht sein unter den Nationen, erhöht auf der Erde.« Das ist der zweite Teil des Verses, aber nur wenige Leute kennen ihn.

Warum? Weil uns Katzentheologie dazu gebracht hat, uns nur darauf zu konzentrieren, was Gott für uns tut und nicht darauf, was Gott in und durch uns tun möchte. Was bedeutet der Vers? Er bedeutet Folgendes: Wenn du vor dem Herrn still wirst, wenn du mit ihm allein Stille Zeit pflegst, wenn du ihn für seine Herrlichkeit anbetest, will er, dass du dich darauf ausrichtest, dass sein Ruhm sich über alle Völker der Erde verbreitet, denn das ist sein erklärter Wille!

Du sollst dafür beten, dass sein Ruhm im 10/40 Fenster erstrahlen möge. Es soll dir wichtig sein, was auf der ganzen Welt passiert. Du sollst die Nöte der Hindu-Welt, der buddhistischen Welt, der chinesischen Welt und aller übrigen Gebiete, die vom Evangelium noch nicht erreicht sind, vor ihn hintragen. Du sollst Gott um Arbeiter bitten, denn die Ernte ist riesig, aber es gibt nur wenige Arbeiter. Was Katzen gelernt haben ist nicht falsch, aber es ist unvollständig. Katzen haben die zweite Hälfte des Evangeliums zu lernen.

Es gibt noch viel mehr Geschichten in der Bibel, bei denen viele Christen nur die Hälfte von dem gelernt haben was es zu lernen gibt. Wo immer es um biblische Lektionen geht, müssen Katzen noch die zweite Hälfte der Bibel entdecken. Wenn du darüber noch mehr erfahren willst, solltest du das Buch von Bob Sjogren, *»Der Schleier ist gelüftet« (Unveiled At Last)* lesen, um noch ein viel weitreichenderes Verständnis von dieser fehlenden Hälfte zu bekommen.

Unvollständige Beispiele und Lehren

Wo lernen wir einen Großteil dieser unzureichenden Lehre und Theologie? Von den Beispielen um uns herum. Entscheidend ist meistens nicht das, was gesagt wird, sondern das, was nicht gesagt wird.

Im Rahmen einer großen christlichen Konferenz in den USA in den 90er-Jahren, an der 20 000 junge Leute teilnahmen, wurde ein Telefonanruf zu einer christlichen Konferenz ähnlicher Größe in einem anderen Teil der Welt übertragen. Das Publikum wartete während der Redner sagte: »Hallo. Hallo, seid ihr da?« Endlich war die Verbindung hergestellt. »Ja, wir sind da«. Und dann wurden die ersten Worte vom Redner in den USA gesprochen.

»Wie segnet euch Gott gerade?« In der Antwort ging es dann ausschließlich um die Segnungen die sie als Versammlung gerade erlebten. Alles gute Dinge, alles positiv, aber etwas fehlte. Die Frage war nicht falsch, aber sie war unvollständig. Nicht einmal fragte der Redner: »Wie lobt ihr Gott?«, »Wie wird Gott bei euch verherrlicht?« oder »Wie wird der Name Gottes erhoben?«. Was daher subtil vermittelt wurde war, dass es dabei nur um uns geht! Wir sind es für die Gott starb und für die er lebt. Es war Katzentheologie aus dem Munde des Hauptredners vor 20 000 Menschen.

Man kann unvollständige Katzentheologie und unvollständige Lehre von christlichen Radiosendern und auf der Kanzel hören. Hast du zum Beispiel schon einmal das Gleichnis vom Vogel im Vogelkäfig gehört? In der Geschichte geht es um einen Vogel, der sich in seinem Käfig eingesperrt fühlt. Er fühlt sich beengt und er möchte fliegen. Er möchte seine Flügel ausbreiten und frei sein. Aber der Vogel weiß nichts davon, dass eine Katze unmittelbar vor dem Käfig nur darauf wartet, ihn zu packen. Die Moral von der Geschichte ist, dass es für den Vogel zum eigenen Vorteil besser ist, im Käfig zu bleiben.

Der Vergleich soll eine Analogie dafür sein, wie sich viele Christen durch die Gesetze und Forderungen Gottes eingeengt fühlen. Aus diesem Grund glauben sie es sei unfair, mit diesen Einschränkungen leben zu müssen. Aber so wie der Vogel in seinem Käfig sicher war, sind wir im Rahmen der Gesetze Gottes sicher, die uns gegeben sind, um uns zu beschützen.

Obwohl die genannte Lehre richtig ist, ist sie aber doch unvollständig. Könnte es jemals der Fall sein, dass Gott es zulassen würde, dass die Katze den Vogel tötet? »Nein«, rufen wir aus, »das kann niemals der Fall sein«. Warum? Weil wir die Geschichte nie aus der Perspektive der Katze betrachten. Wir bevorzugen den Gedanken, dass es dabei nur um den Vogel geht (um uns). Gott könnte niemals wollen, dass wir Schwierigkeiten oder Schaden erleiden. Katzen haben daher darin versagt, Hundetheologie auf Situationen anzuwenden, in denen Gott es zuließ, dass Paulus mehrfach ausgepeitscht wurde, dass Stephanus zu Tode gesteinigt wurde oder dass viele Christen zu seinem Ruhm den Märtyrertod erlitten.

Ist dir aufgefallen, dass wir den Ausdruck »Gottes Ruhm« dann verwenden, wenn wir über den Märtyrertod sprechen? Wenn wir aber über die Segnungen Gottes reden, erwähnen wir diese kaum in Zusammenhang mit Gottes Ruhm. Wir konzentrieren uns dann nur auf die Segnungen.

Schlussfolgerungen

Daraus ergeben sich auch unmittelbare Folgen dafür, wie wir für unser Land beten.

Katzen wollen, dass Gott ihr Land um des Landes willen segnet. Sie stellen sich eine blühende Wirtschaft vor, bessere Wohnungen für alle, niedrige Zinsen, wenige Steuern und billiges Benzin.

Hunde wollen nicht nur aus den oben genannten Gründen, dass Gott ihr Land segnet, sondern sie wünschen sich, dass ihr Land von Gott verwendet wird, um den Ruhm Gottes allen Völkern der Erde bekannt zu machen. Hunde stellen sich vor, dass die Wirtschaft blüht, damit kurzfristig genügend Geld für missionarische Teams zur Verfügung steht um an die Enden der Erde zu gehen. Es sollen Gelder aufgebracht werden können, damit der Jesus-Film an Orte gelangt, wo das Evangelium bisher noch nicht verkündigt wurde. Langzeitmissionare sollen in der Lage sein, in weniger als einem Jahr ihre volle Unterstützung zugesagt zu bekommen. Die Mission in der Dritten Welt soll durch unsere Gemeinden neuen Schwung bekommen, indem neue Mitarbeiter mit ausreichender finanzieller Unterstützung ausgesandt werden. Und Politiker sollen für einen geheiligten Lebensstil bekannt werden, damit der Ruf des christlichen Glaubens wieder zu hohen Ehren kommt. So beten Hunde für ihr Land.

Sicherlich hast du auch schon vom Buch »*Das Gebet des Jabez*« gehört oder es sogar gelesen. Es wurde zum Bestseller mit Millionen verkauften Exemplaren. Bruce Wilkerson ist der Autor. Er hat das Herz eines Hundes. Er schrieb das Buch mit dem ausdrücklichen Ziel, viele Christen dazu zu bewegen, Gott darum zu bitten, ihr Leben und ihren Dienst zu segnen, damit das Evangelium bis an die Enden der Erde gelangt. Er ist durch und durch ein »Hund«.

Leider wird sein Buch auch von Katzen gelesen. Leute bitten Gott nicht um vermehrte Gelegenheiten zum Dienst, sondern um größere Häuser, höhere Gehälter und schönere Autos. Aber es ist ihnen entgangen, dass Gottes Segnungen für einen bestimmten Zweck bestimmt sind, nämlich die Herrlichkeit Gottes widerzuspiegeln, ihn berühmt zu machen und selbst zu einem Segen für Menschen aus allen Sprachen, allen Stämmen und allen Nationen zu werden.

Wir müssen über die Segnungen hinaus blicken, auf das Ziel, welches Gott damit verfolgt! Römer 11,36 fasst das gut zusammen: »Denn aus ihm und durch ihn und zu ihm hin sind *alle* Dinge! Ihm sei die Herrlichkeit in Ewigkeit! Amen.«. Wie viele Dinge? Alle! Nicht die meisten. Nicht sehr viele. Nicht die Mehrheit, sondern alle! *Das* ist also die Art und Weise, wie wir Segnungen betrachten müssen!

4 Was ist an einem Hund anders?

»Entschuldigen Sie, Ihr koscheres Essen ist da«, sagte die Stewardess.

»Wie bitte?«, antwortete ich verwirrt, »Aber ich habe kein koscheres Essen bestellt.« Und dann schaute ich nach links. Jeff Liverman (einer meiner besten Freunde) hielt sich den Bauch vor Lachen. Er hatte für mich koscheres Essen bestellt, da wir uns auf demselben Heimflug befanden und er mich wieder einmal dran kriegen wollte!

Einige Monate später durfte ich's ihm heimzahlen. Wir waren beide als Redner zur Missionskonferenz einer Gemeinde in Columbus, Ohio, eingeladen. Dort war Chip Weiant, ein anderer meiner besten Freunde, Geschäftsführer eines deutschen Familienrestaurants, welches für seine Windbeutel mit Schlagsahne bekannt war! Ich sagte Jeff, die müsse er unbedingt probieren, weil sie so besonders gut seien.

Das Essen kam. Wir beendeten den Hauptgang und bestellten Windbeutel mit Schlagsahne. Drei identische Windbeutel wurden vor uns auf den Tisch gestellt. Jeff hatte natürlich keine Ahnung, dass ich Chip gebeten hatte, einen davon von seinen Angestellten mit jeder Menge Salz zubereiten zu lassen! Der Windbeutel kam in die richtigen Hände und der Augenblick war gekommen.

Jeff nahm einen kleinen Bissen auf seinen Löffel und führte ihn zum Mund. Chip hielt ihn auf. »Jeff«, sagte er, »die hier sind weltbekannt«. Jeff machte weiter, nahm einen größeren Bissen und steckte ihn zur Gänze in den Mund.

Chip fragte: »Nun, was meinst du?«

Jeff antwortete höflich, aber mit dem Stückchen immer noch im Mund: »Es ist, ähm, gut.«

Dann lenkte ich Jeffs Aufmerksamkeit auf mich und sagte: »Koscher, nicht wahr?«. Auf dieses Stichwort hin sprang Jeff auf, schlug mit den Händen auf den Tisch und spuckte das Zeug in seine Serviette. Er wusste, ich hatte ihn hineingelegt!

Drei gleiche Windbeutel, und doch war einer unterschiedlich.. Drei Leute sitzen in der Gemeinde. Alle drei sehen gleich aus. Sie verhalten sich gleich. Aber einer kann ganz anders sein, je nach Einstellung seines Herzens, und von seiner Überzeugung abhängig, um wen es in der Bibel geht.

Hunde wissen, dass Gott der Hauptdarsteller der Bibel ist, und sie sehen, wie Jesus seinen Vater verehrte. Sie wissen, dass Jesus zur Ehre des Vaters lebte, und dass sie daher das Selbe tun sollten. Die Schrift sagt uns, dass Jesus nicht nur ständig auf die Herrlichkeit des Vaters hinwies, sondern dass er in erster Linie auch zur Verherrlichung des Vaters starb. Schau dir einmal Johannes 12,27–28 an. Jesus denkt dort über die Schmerzen am Kreuz nach. Er sagt: »Jetzt ist meine Seele bestürzt. Und was soll ich sagen? Vater, rette mich aus dieser Stunde? Doch darum bin ich in diese Stunde gekommen. Vater, ...«

Warte! Bevor wir lesen, was danach kommt, denk daran, es geht in dem Zusammenhang um Schmerzen, Qual und Leiden, die auf Jesus zukommen. Dies ist kein unwichtiger Zeitpunkt, besonders weil Jesus total auf den *Grund* seines Leidens konzentriert ist. Hier gibt er uns die letztgültige Begründung dafür, warum er vorhat, die kommende Qual zu erleiden. Und was sagt er?

Um zu betonen, was in dieser Stelle gesagt wird, hilft es auch, festzustellen, was *nicht* gesagt wird. Beachte, dass hier nicht steht: »Vater, erlöse diese freundlichen, wunderbaren, wertvollen Menschen vor der Hölle; sie verdienen sie nicht!« Warum? Weil das nicht der Hauptschwerpunkt Christi war, als ihm das Kreuz bevorstand. Manche Leser mögen antworten: »Ja, wenn er das nicht sagte, wenn es ihm nicht um uns ging, worum ging es ihm dann?« Achte auf die nächsten Worte:

»Vater, *verherrliche deinen Namen*!« (V.28)

Das Denken Jesu ist auf die Verherrlichung seines Vaters ausgerichtet. Die Herrlichkeit des Vaters hat bei ihm höchste Priorität. Oh, wie sehr es Katzen hassen, diese Worte zu hören und wie wohl sich Hunde dabei fühlen! Es stimmt, Christus liebt uns. Bezweifle nicht deine Kindheitserinnerungen, als du sangst »Jesus liebt mich ganz gewiss, denn die Bibel sagt uns dies«. Wir wollen dir aber nahe legen, dass seine Liebe zu dir *zweitrangig* im Vergleich zur Absicht Jesus war, zur Verherrlichung seines Vaters zu leben.

Leider übersehen zu viele der beliebtesten, christlichen Lieder theologisch diesen Punkt, wenn sie im Wesentlichen ausdrücken: »Wir sind das Einzige, woran Jesus dachte, als er ans Kreuz ging.« Nein! Als er ans Kreuz ging tat er das in erster Linie zur Verherrlichung seines Vaters.

Hast du schon in Erwägung gezogen, dass dieses unglaubliche Verlangen, seinen Vater zu ehren, auch der Grund dafür ist, warum er unsere Gebete beantworten möchte? »Ich dachte, das tut er, weil er uns segnen möchte«, denken Katzen. Diese Antwort ist nicht falsch, aber sie ist unvollständig. Hunde wissen die tiefer gehende Antwort. In Johannes 14,13–14 macht uns die Schrift klar, warum Jesus Freude daran hat, unsere Gebete zu beantworten. Hören wir zu, was er zu seinen Nachfolgern sagt: »Und was ihr bitten werdet in meinem Namen, das werde ich tun, *damit der Vater verherrlicht werde im Sohn*.«

Jesus möchte unsere Gebete erhören, damit sein Vater verherrlicht wird. Jesus hat das leidenschaftliche Verlangen, seinen Vater erhöht zu sehen, zu erleben, dass sein Vater gelobt und gepriesen wird. Jesus tat sein Werk zur Ehre des Vaters. In seinem Gebet in Johannes 17,4 sagt Christus: »Ich habe dich verherrlicht auf der Erde; das Werk habe ich vollbracht, das du mir gegeben hast, dass ich es tun sollte.« Christus vollbrachte sein Werk, um seinem Vater Ruhm zu bringen.

Eine weitere ausgeprägte Eigenschaft von Hunden ist, dass sie kein Problem mit dem Gedanken haben, dass Gott ein »eifersüchtiger« Gott ist.

»Dienst für den eifersüchtigen Gottes«

Unser Werk mit dem Titel »UnveilinGLORY« (Aufdecken der Herrlichkeit) trug diesen Namen nicht immer. Der ursprüngliche Name lautete »Destination 2000« (Ziel 2000). Als aber das neue Jahrtausend anbrach, näherte sich das »Ablaufdatum« dieses Namens seinem Ende. Wir fingen daher an, uns nach einem neuen Namen für unser Werk umzusehen. Wir überlegten alles, was wir uns nur vorstellen konnten, um den richtigen Namen zu finden. Schließlich fiel uns der Name »Jealous God Ministries« (Dienst für den eifersüchtigen Gott) ein. (Der Name basierte auf 2. Mose 20,5: »Du sollst dich vor ihnen nicht niederwerfen und ihnen nicht dienen. Denn ich, der HERR, dein Gott, bin ein eifersüchtiger Gott.«) Wir dachten, das sei ein großartiger Name.

So begannen wir auch ein bisschen Marktforschung zu betreiben. In einem E-Mail an zirka 300 Personen stellten wir die Frage: »Was halten sie von dem Namen ›Jealous God Ministries‹?« Neun von zehn Leuten sagten, es sei ein schrecklicher Name. Sogar manche reife Christen missachteten einfach den Gedanken der dahinter stand. Wir erinnerten sie an den Bibelvers dem der Name entsprach, aber das war ihnen egal. Ihre Reaktion beruhte auf den negativen Assoziationen, die mit dem Wort »eifersüchtig« verbunden sind. Obwohl der Name direkt dem zweiten Gebot entsprach, sagten die meisten: »Verwendet diesen Namen nicht!« Sie gingen davon aus, dass Eifersucht immer falsch sei.

Warum erhielten wir eine solch negative Reaktion? Weil normalerweise immer, wenn von Eifersucht die Rede ist, irgendwelche negativen Dinge damit verbunden werden. Kain war auf Abel eifersüchtig und das Ergebnis war ein Mord. Tonya Harding (eine Eiskunstläuferin) war eifersüchtig auf Nancy Kerrigan und ließ sie von einem Schläger überfallen. John Hinkley Junior war eifersüchtig auf die Aufmerksamkeit Jodie Fosters und unternahm einen Mordversuch an Präsident Reagan. Wann immer man in den Medien etwas über Eifersucht hört, ist es negativ. Ein positiv gemeintes Eifern? Kann es nicht geben.

Aber es *gibt* ein positives Eifern. Paulus schreibt in 2. Korinther 11,2: »Denn ich eifere um euch mit Gottes Eifer«. Es gibt also ein gutes, gesundes, göttliches Eifern. Aber ist das denn für Gott in Ordnung, wenn wir für Gott eifern? Katzen werden diese Idee bekämpfen. Hunde wissen, dass sei schriftgemäß ist, und dass ohne ein solches Eifern nichts einen Sinn ergeben würde.

Erinnerst du dich daran, dass wir einige Absätze zurück beschrieben, wie Jesus über alle Schmerzen und alles Leid nachdachte, durch das er würde gehen müssen, und wie er sagte: »Vater, verherrliche deinen Namen«? Nun, im darauf folgenden Vers, antwortet Gott seinem Sohn. Bevor wir nachsehen, was er antwortet, überlege wieder, was er deiner Meinung nach sagen könnte. Katzen würden raten, dass er vielleicht etwas in der Art sagen könnte: »Sohn, ich schätze es ja, dass du mich verherrlichen möchtest, aber ich benötige diese ganze Aufmerksamkeit nicht, wollen wir uns also ganz auf *sie* konzentrieren.« Aber das sagt der Vater nicht. Sieh dir seine Reaktion an: »Da kam eine Stimme aus dem Himmel: Ich habe ihn [meinen Namen] verherrlicht und werde ihn auch wieder verherrlichen.« (Joh.12,28).

Gott sagt: »Du hast recht, Sohn, es geht um mich. Wenn die Nägel durch deine Hände gebohrt werden, dir die Dornenkrone aufs Haupt gedrückt und der Speer in die Seite gebohrt werden wird, wenn dein lebloser Körper vom Kreuz abgenommen und ins Grab gelegt werden wird, dann geht es darum, dass meine Herrlichkeit durch die ganze Schöpfung leuchtet und erstrahlt.« Gott, der Vater, eifert für seinen eigenen Namen.

Wenn Katzen das zum ersten Mal hören, wollen sie in ihrem tiefsten Inneren herausschreien: »Nein, das stimmt so nicht. Gott kann nicht für sich selbst eifern. Das kann einfach nicht sein!« Katzen nehmen üblicherweise an, Gott müsse auf einer Art Egotrip sein, wenn er für sich selbst eifern würde. Vielleicht ist Gott da oben im Himmel und fühlt sich einfach schlecht. Er bedauert sich selbst und hat einen schlechten Tag. Sie fragen sich vielleicht: »Hat Gott ein schlechtes Selbstbild? Grübelt Gott im Himmel nach und wartet darauf, dass jemand ihn verherrlicht?«

Wie kann Gott im guten Sinne eifersüchtig sein? Um das zu verstehen, müssen wir eine einfache Frage stellen und die lautet: »Für wen lebt Gott?« Kannst du dir vorstellen, dass Gott auf goldenen Straßen wandelt, sich am Kinn kratzt und sich fragt: »Für wen sollte ich leben? Hm, ich habe eine Menge anzubieten. Worauf sollte ich hinweisen, erheben, würdigen und verherrlichen?« Denk das einmal durch. Welche Möglichkeiten könnte es für Gott geben? Obwohl es da eine Vielzahl von Antworten geben könnte, schlagen wir nur vier vor: die Schöpfung, die Engel, die Menschen und ihn selbst.

Denken wir über diese Möglichkeiten nach.

Die ganze Schöpfung ist zeitlich beschränkt. Sie existiert für eine bestimmte Zeit, aber sie wird eines Tages verschwinden (2.Pet. 3,10). Warum also sollte ein ewiger Gott für etwas zeitlich Begrenztes leben? Das ergibt einfach keinen Sinn. Also streichen wir diese Möglichkeit von unserer Auswahlliste.

Der zweite Punkt auf der Liste sind die Engel. Warum lebt er nicht für die Engel? (Es gibt keine Regel, die besagen würde, Christus hätte nicht die Sünde Satans und jene der anderen gefallenen Engel vergeben können). Nun, es gibt keine Anzeichen, dass sie Buße getan hätten, und die Schrift sagt uns, dass das niemals der Fall sein wird. Hingegen macht uns die Bibel klar, dass Satan kam um zu töten, zu stehlen und zu zerstören (Joh.10,10). Also scheint das auch keine besonders gute Variante zu sein.

Was ist die dritte Möglichkeit? Nun, das sind wir, die Menschen. Warum sollte Gott nicht für uns leben? Katzen sagen: »Ja, das ergibt einen Sinn. Christus verließ die Herrlichkeit des Vaters und kam herunter auf die Erde um einen qualvollen Tod für uns zu sterben. Da er für uns starb, muss er wohl auch für uns leben! Es muss ihm um uns gehen!« Aber Hunde stellen das in Zweifel und fragen: »Was sagt die Bibel über uns, was deutlich macht, dass wir es wert sind, dass Gott für uns lebt?« Ein kurzer Blick auf Markus 7 gibt uns die Antwort:

»Er sagte aber: Was aus dem Menschen herauskommt, das verunreinigt den Menschen. Denn von innen, aus dem Herzen der Menschen, kommen die bösen Gedanken hervor: Unzucht, Dieberei, Mord, Ehebruch, Habsucht, Bosheit, Arglist, Ausschweifung, Neid, Lästerung, Hochmut, Torheit; alle diese bösen Dinge kommen von innen heraus und verunreinigen den Menschen.« (Mk.7,20 – 23)

Lasst uns ehrlich sein. Sind wir es wert, dass jemand für uns lebt? Hunden ist klar, dass wir in unserem Wesen selbst nicht würdig und nicht wert sind, dass man für uns lebt.

Wir haben also gesehen, dass die Schöpfung es nicht wert ist – sie ist zeitlich begrenzt.

Wir haben gesehen, dass die Engel es nicht wert sind – sie sind gefallen und zeigen keine Anzeichen von Buße.

Und wir haben gesehen, dass wir Menschen es nicht wert sind – wir sind sündig.

Was also bleibt für Gott übrig, wofür er leben könnte? Er selbst. Warum sollte Gott sich dazu entscheiden, für sich selbst zu leben? Was stellt er dar? Die Bibel sagt, er ist

- der Herr der Herrlichkeit
- der König der Könige
- der große Arzt
- der Gerechte
- die Zuflucht vor dem Sturm
- der Architekt und Erbauer aller Dinge
- der Verteidiger der Witwen
- der Helfer der Vaterlosen
- die Quelle ewiger Erlösung
- das Alpha und Omega
- der gute Hirte
- die große Belohnung
- der, der die Schlüssel der Pforten der Hölle hält
- der Gott der Gnade
- der Gott der Hoffnung
- der Gott der Liebe
- der Gott, der Ausdauer schenkt
- der Gott, der unsere Übertretungen auslöscht
- die rechtzeitige Hilfe in Zeiten der Not
- ein Ehrfurcht gebietender Gott
- ein treuer Gott
- allwissend
- allgegenwärtig
- barmherzig
- der einzige *gute* Gott

Für wen würden wir leben wollen, wenn wir die vier zur Auswahl hätten? »Na, das ist ja keine Frage«, könnte jemand antworten. »Ich würde für Gott leben, weil er ist wer er ist, und weil er tut was er tut!«

Warum sollte Gott etwas anderes tun? Wenn das für uns keine Frage ist, dann ist es auch keine Frage für Gott. Gott lebt für Gott. Er lebt, um seine Herrlichkeit auf milliardenfache Weise auszustrahlen.

»Schön und gut«, kontern Katzen, »aber warum *starb* dann Christus für uns?«

Hunde wissen den Grund, nämlich, dass es dem Vater so gefiel. Erstens sieht er in uns sein Abbild. Es war der Vater, der uns zu seinem Bilde schuf. Und wenn er uns erlöst, dann erlöst er damit sein Ebenbild, das mit unserem Wesen untrennbar verwoben ist. Zweitens erfüllt Gott seinen ursprünglichen Zweck und Plan mit uns, und der besteht darin, dass er mit dem Menschen Gemeinschaft haben will. Drittens bringt Gott darin sein eigenes, wahres Wesen zum Ausdruck. Er ist Liebe und er liebt eine in Sünde gefallene Schöpfung. Diese Liebe schenkt er bedingungslos. Er ist auch voller Mitleid und Barmherzigkeit. Er lebt daher letztlich für sich selbst, bringt sich selbst und alles das, wofür er steht, zum Ausdruck und lässt seine Herrlichkeit erstrahlen.

Katzen tun sich schwer, das zu verstehen. Schnell entgegnen sie: »Gott fordert uns auf, nicht für uns selbst zu leben. Es wäre daher völlig unangemessen, würde Gott für sich selbst leben. Gott kann nicht für Gott leben!«

Aber Hunde wissen, dass Gesetze, die für die Schöpfung gelten, nicht automatisch für den Schöpfer gelten müssen – ganz ähnlich wie die Regeln für die Kinder einer Familie nicht automatisch auch für die Erwachsenen gelten. Vielleicht gibt es für die Kleinen eine Regel: »Trag dein Müsli nicht über den neuen Teppich. Sonst verschüttest du es und verpfuschst den Teppich.« Aber niemand wird einen Erwachsenen bestrafen, der seine Schüssel Müsli über denselben Teppich trägt. Warum? Weil der Erwachsene es ohne weiteres schafft, das Müsli nicht zu verschütten.

Ähnlich können wir nicht für uns selbst leben, weil wir in unserem sündigen Zustand nicht richtig damit umgehen können. Wir würden es verpfuschen. Aber Gott in seiner Gerechtigkeit, Gnade, Barmherzigkeit und Liebe (und noch mehr) kann für sich selbst leben, ohne im Geringsten etwas Falsches zu denken oder zu tun. Wir können nicht für uns selbst leben ohne zu sündigen, aber Gott kann es. Wie kann Gott für sich leben und nicht sündigen? Weil er Liebe ist. Und Hunde wissen, dass uns in 1. Korinther 13 gesagt wird: »Die Liebe tut nicht groß, sie bläht sich nicht auf, sie benimmt sich nicht unanständig, sie sucht nicht das Ihre.«

Katzen möchten zurückschlagen: »Nun, wenn Gott nicht groß tut, wenn er nicht stolz ist, nicht unanständig, und wenn er das Seine nicht sucht, wie kann Gott dann für Gott leben?« Weil Gott, wenn er etwas rühmen möchte, das gut ist, sich selbst rühmen *muss*! Alles was geringer ist als er selbst, wäre nicht gut genug. Gleich wie gut es wäre, es wäre nicht das Beste. Es wäre unwürdig. Für sich zu leben ist Gottes einzige Möglichkeit und es ist *kein* Widerspruch. Niemand und nichts ist »guter« als Gott – das ist zwar schlechte Grammatik, aber wunderbare Theologie! Wenn Gott sich selbst erhöht, dann ist das, als würde er sagen:

> Wenn es irgendwelche Werte gibt, die für meine Schöpfung am besten sind, Werte die ich in Ehren halten möchte, Ideale oder Moral, die ich hoch schätze, Prinzipien, für die es sich lohnt zu leben, Macht und Kreativität, die man zur Schau stellen sollte, Standards, die es wert sind, dass man sie hervorhebt, dann sind es meine.
>
> Daher werde ich für alles, wofür ich stehe, leben und es bewahren. Ich werde meine Macht und meine Kreativität ausüben, ebenso mein Mitleid und meine Barmherzigkeit. Ich werde tun, was ich tun will. Und weil ich Liebe bin, will ich (und werde ich) bedingungslos lieben. Ich will (und werde) Opfer bringen. Ich will (und werde) barmherzig sein. Und ich will (und werde) jenen, die ich liebe, Gnade und Frieden schenken. Das alles und noch mehr werde ich tun, denn ich bin ein eifersüchtiger Gott.

Die Bibel nennt Gott heilig. Das Wort »heilig« bedeutet im Griechischen oft »abgesondert für Gott«, womit gemeint ist »sich für den Dienst und die Anbetung Gottes aufopfern und hingeben«. Wenn also die Bibel verkündigt: »Heilig, heilig, heilig ist der Herr, der allmächtige Gott, der da war, der da ist und der da kommt«, dann sagt sie damit, dass Gott für Gott abgesondert ist (Offb.4,8). Gott widmet sich voller Hingabe dem Dienst und der Anbetung Gottes. Gott hinterlässt in unserem Denken keinen Zweifel, dass er sich völlig aufopfert, zu seiner Verherrlichung zu leben. Er wird nicht zulassen, dass irgendetwas anderes diesen Platz an sich reißt, weil alles andere geringer ist als er. Deshalb ist er ein eifersüchtiger Gott. Gott bezeichnet sich sogar selbst als »eifersüchtig«: »Denn du darfst dich vor keinem andern Gott anbetend niederwerfen; denn der HERR, dessen Name »Eifersüchtiger« ist, ist ein eifersüchtiger Gott.« (2.Mo. 34,14). Er ist heilig. Er ist abgesondert für sich selbst. Gott lebt für sich selbst.

Dies scheint Gott in eine paradoxe Lage zu versetzen. Warum? Weil er dadurch, dass er für sich selbst lebt, ständig auch für andere lebt. Ja, das ist sogar die umfassende Begründung dafür, dass er auf sich selbst verweist – weil er eine derart freigebige Natur besitzt, er solch ein gebender Gott ist. Und da er sich daran freut, für andere zu leben, sieht es so aus, als würde er nicht für sich selbst leben, aber das ist doch der Fall. Er lebt einfach aus, wer er ist. Das ist ein weiterer Grund, warum er seine Art des Lebens vertritt, bewahrt und dafür lebt.

»Er lebt also für sich, weil er beständig für andere lebt?«, denkst du vielleicht. Stimmt genau! Gott lebt für sich, indem er seine Barmherzigkeit, sein Mitleid und seine bedingungslose Liebe uns gegenüber ausdrückt. Verstehst du, würde Gott für irgendjemand oder irgendetwas anderes leben, *würde er Götzendienst betreiben*. Gott lebt für Gott. Er ist der einzige, der es wert ist, dass man für ihn lebt oder auf ihn zeigt.

Dieses Denkkonzept wurde in einer Klasse der fünften Schulstufe unterrichtet, um festzustellen, ob die Kinder in der Lage seien, das Prinzip zu verstehen. Es war Samstagabend und eine bestimmte Schülerin hatte offenbar den ganzen Tag draußen an der Sonne verbracht. Ihr Körper war durch einen Sonnenbrand ganz rot und ich konnte an ihren Augen sehen, dass sie im Kopf ganz wo anders war. Am Ende der Stunde wurden dann alle Schüler gefragt, ob sie etwas gelernt hätten. Als dann sie an der Reihe war, überraschte sie alle, indem sie hervor schoss: »Ja, ich habe gelernt, dass es für Gott in Ordnung ist, auf sich selbst gerichtet zu sein!«

Zwar würden viele mit den Worten, die sie wählte, etwas Negatives verbinden, aber sie hatte doch völlig recht. Es ist für Gott richtig, sich auf sich selbst auszurichten. Hunde wollen das ganze Leben als Ausdruck von Gottes Herrlichkeit verstehen. Warum? Lies die beiden folgenden, biblischen Aussagen:

> Darum hat Gott ihn auch hoch erhoben und ihm den Namen verliehen, der über jeden Namen ist, damit in dem Namen Jesu jedes Knie sich beuge, der Himmlischen und Irdischen und Unterirdischen, und jede Zunge bekenne, dass Jesus Christus Herr ist, zur Ehre Gottes, des Vaters. (Phil.2,9–11)

> Denn aus ihm und durch ihn und zu ihm hin sind alle Dinge! Ihm sei die Herrlichkeit in Ewigkeit! Amen. (Röm.11,36)

Alles im Leben – nicht nur im Leben eines Christen – wird irgendwann dazu dienen, den Vater zu verherrlichen. Seine Verherrlichung ist das Endziel. Alles andere ist nur Mittel zu diesem vollkommenen Zweck. Darin unterscheiden sich Hunde von Katzen. Sie verstehen, dass die Eifersucht Gottes keinen Widerspruch oder Heuchelei darstellt oder das negative Ergebnis einer selbstsüchtigen Einstellung. Sie ergibt einen Sinn, wenn du dir die Zeit nimmst, gründlich darüber nachzudenken.

5 Wie unterscheiden sich Katzen?

Wie gesagt, es ist sehr schwierig, Hunde- und Katzen-Christen rein äußerlich von einander zu unterscheiden. Beide gehen zum Gottesdienst. Beide können in der Sonntagsschule unterrichten. Beide wollen von Gott gesegnet sein und Gott an der Arbeit sehen. Beide sehen aus wie Christen und verhalten sich auch so.

Worin besteht also dann der Unterschied? Was sie unterscheidet, sind ihre Betonungen, ihre Prioritäten im Leben. Das kann man an verschiedenen Details beobachten. Man kann zum Beispiel die einfache Frage stellen: »Wer ist der Hauptdarsteller in der Bibel, Gott oder Mensch?«. Oder man fragt: »Existiert Gott, um den Menschen zu dienen, oder existieren die Menschen, um Gott zu dienen?«. Man kann aber auch eine persönliche Frage stellen: »Ist die Verherrlichung Gottes die höchste Priorität in deinem Leben, oder hat es für dich höhere Priorität für einen bestimmten Menschen oder eine bestimmte Sache zu leben?« Der Unterschied liegt auf der Hand, außer du bist eine Katze.

Angenommen, wir machen eine kurze Pause und bitten Dich, 1. Mose, Kapitel 1 zu lesen. Unserer Erfahrung nach beginnen sich die meisten Leser irgendwo zwischen Vers 5 und Vers 23 zu langweilen. Warum? Viele Bibelleser würden sagen, ihre Langeweile habe damit zu tun, dass ihnen die Geschichte schon so vertraut ist.

In Wahrheit gibt es aber viele Geschichten, mit denen wir ebenso vertraut sind, und doch langweilen sie uns nicht. Deshalb sind wir der Ansicht, es muss einen noch tieferen Grund dafür geben.

Als wir darüber nachdachten, kamen wir zur Überzeugung, dass sich die meisten Leser deshalb in 1. Mose 1 langweilen, weil dort die Menschen keine Rolle spielen. »Sie« kommen dort nicht vor. Und wenn »sie« nicht vorkommen, dann werden »sie« gelangweilt! Schau es dir einmal an: Vor Kapitel 3 bekommen wir keine Schlagzeilen. Erst dann wird es ein bisschen aufregender, weil es dort etwas gibt, wofür es sich zu leben lohnt, eine Rettungsaktion! Warum also langweilt uns 1. Mose 1? Im ihrem Herzen sind Katzen davon überzeugt, dass Menschen die Hauptakteure der Bibel sind, dass es in der Bibel hauptsächlich um uns geht. Und wenn die Bibel nichts über uns sagt, dann ist das für Katzen eher langweilig.

Sehen wir uns ein einfaches Beispiel an um diese Aussage zu verdeutlichen. Wenn Geralds Frau Sharon sieht, dass ein neuer Film mit ihrem Lieblingsschauspieler Sean Connery in die Kinos kommt, dann schlägt sie vielleicht einen Kinoabend vor. Warum? Weil sie Sean Connery sehen und hören will. Und sie wäre wohl ziemlich enttäuscht (und gelangweilt), wenn er nicht in allen wichtigen Szenen vorkommen würde, weil er ja schließlich der Hauptdarsteller im Film ist.

In ähnlicher Weise suchen Katzen an allen wichtigen Stellen der Bibel nach Menschen. Sie halten nach jenem Aspekt in der Geschichte Ausschau, der sich auf sie anwenden lässt. Sie sind nicht darin geschult, nach Gott Ausschau zu halten. Sie wurden trainiert, beim Lesen der Schrift die Frage zu stellen: »Was soll das für mich bedeuten. Wie lässt sich das auf mein Leben anwenden? Wie beeinflusst es mein Leben?«

Weil sie sich selbst als Hauptdarsteller verstehen, sind Katzen davon überzeugt, dass Gott dafür da ist, den Menschen zu dienen. Und weil sich nach ihrem Verständnis alles um sie dreht, haben sie mehr Hunger danach, was sie durch den christlichen Glauben alles bekommen, als nach irgendetwas sonst. Wenn sie ihre Bibel lesen und vor die Wahl zwischen Gottes Verherrlichung und seinen Segnungen gestellt sind, dann ist es für sie nur natürlich, dass sie seine Segnungen mehr wollen als seine Verherrlichung.

Nun besteht diese Wahlmöglichkeit meistens nicht offensichtlich, sondern unterschwellig. Wenn sie also den Eindruck haben, dass Gott zu ihnen sagt: »Schraub zurück, kaufe dir kein derart großes Haus. Sei zufrieden mit einem Auto, das weniger kann.«, dann finden sie gute Gründe, um sich darüber hinweg zu setzen, indem sie zum Beispiel sagen: »Herr, ich muss falsch verstanden haben, was du da gesagt hast. Ich sehe wie du Abraham gesegnet hast; ich sehe, wie du David und Salomo gesegnet hast. Also nehme ich an, Herr, dass du mich in ähnlicher Weise segnen willst! Daher weise ich im Namen Jesu den Versuch Satans zurück, mich davon abzuhalten, an Gott meine Freude zu haben, und ich nehme dieses größere Haus und das schönere Auto im Glauben in Anspruch.« Und so kaufen sie beides, das große Haus und das teure Auto und laden sich dabei hohe Schulden auf.

Und wenn Gott zu ihnen sagt: »Ich möchte, dass du um meines Namens willen leidest«, dann denken sie: »Leiden? Leiden? Das kann nicht sein! Ich bin mir sicher, dass das nicht im Sinne Gottes ist. Er liebt mich doch.« Und daher tun sie alles, was in ihrer Macht steht, um ihr Leben sicher, angenehm und gemütlich zu machen. Wenn Gottes Herrlichkeit sie darauf hindeutet in die Mission zu gehen, dann sagen Katzen: »Aber Herr, du weißt doch, dass ich im Gymnasium nicht gut in Spanisch war. Ich würde es nie schaffen, Arabisch oder Mandarin zu lernen. Deshalb möchte ich dir etwas vorschlagen, Herr: Ich werde in Zukunft 11% von meinem Einkommen für dich geben. Ich werde mich in der Jugendarbeit engagieren. Und ich werde tun, was immer von mir gefordert ist, aber bitte lass mir meinen leichten, angenehmen, sicheren und gemütlichen Lebensstil.« Und sie singen davon, dass die Herrlichkeit Gottes an Orten erstrahlen möge wo das noch nicht der Fall ist, aber sie würden es nie in Betracht ziehen, selbst dorthin zu gehen.

Man könnte auch sagen, Katzen haben eine »Wohlfühl-Theologie«. Alles was Gott tut, was sich angenehm anfühlt, nehmen sie gerne in Anspruch. Ihr Ziel ist ein sicheres, angenehmes und gemütliches Leben als Christen! Alles was sie als unangenehm oder unbequem empfinden, das verwerfen sie. Wie kam es zu dieser veränderten Betonung? Damit hat ganz viel dem Bösen zu tun. Satan weiß, dass es im Leben und in der ganzen Schöpfung um Gott und um seine Herrlichkeit geht. Deshalb versuchte Satan vom ersten Tag seiner Rebellion an, Gott seiner Herrlichkeit zu berauben. Und bis heute will er uns zu diesem Zweck missbrauchen.

Donald Barnhouse schrieb ein herausforderndes Buch mit dem Titel *»Der unsichtbare Krieg«*. Darin behandelt er die fünf Aussagen in Jesaja 14,12–14, die mit den Worten beginnen: »Ich werde ...«. Er ist der Meinung, dass es dabei um die Auflehnung Satans geht. Im Wesentlichen sagt er, dass Satan die Anbetung anderer Engelwesen nahm und auf sich projizierte. Barnhouse schlägt vor, dass Satan an irgendeinem Punkt gedacht haben muss: »Ist da nicht auch an mir irgendetwas Wertvolles, was Anerkennung finden sollte?« Und darin lag der Ursprung der Sünde.

Das war sein Sturz in den Abgrund. Er überlegte, Gott seiner Herrlichkeit zu berauben, die nur dem einzigen Grandiosen und Heiligen gebührt. Und das ist bis heute sein erklärtes Ziel. Satans ganze Existenz beruht auf seinem Versuch, Gott der Herrlichkeit zu berauben, die nur ihm zukommt.

In unserem Seminar verdeutlichen wir, dass Satan mit den Menschen so etwas wie ein Kartenspiel treibt. Er teilt auf der ganzen Welt sein »Kartenblatt« aus. Diese Karten haben den Zweck, die Menschen von Gott ab- und auf andere Dinge hinzulenken. In Nordafrika, dem Mittleren Osten und in Asien war er dabei ziemlich erfolgreich, indem er die Karte »Islam« verteilte. In der ehemaligen Sowjetunion und in China schaffte er es weitgehend mit der Karte »Kommunismus«. In manchen Stammesreligionen lautete seine Karte »Animismus«. Auch die »Buddhismus«-Karte funktionierte gut, ähnlich wie andere falsche Religionen. Er verteilte aber noch wesentlich mehr unterschiedliche Karten auf der ganzen Welt. Auch in Europa und Nordamerika funktionierte das bestens. Hier lauteten und lauten einige seiner Karten »Materialismus«, »Nationalismus«, »Esoterik«, »Gesundheitswahn«, »Sport« und »Unterhaltung«.

Aber wie ist das mit uns Christen? Lehnt sich Satan da einfach nur zurück, gibt auf und sagt: »Nun ja, ich habe mich beim Großteil der Menschheit wacker geschlagen, ich schätze, man kann nicht überall gewinnen.«? Nein! Satan gibt niemals auf. Stell dir nur einmal vor, wie Satan in der Hölle auf und ab geht, um eine Möglichkeit zu erfinden, den Blick der Gläubigen von der Herrlichkeit Gottes abzuwenden.

»Hm«, sagt er zu sich selbst, »Wie kann ich verhindern, dass diese Christen sich ständig auf die Verherrlichung Gottes konzentrieren? Die werden sich nie davon überzeugen lassen, Satan anzubeten. Falsche Religionen? Nein, das werden sie durchschauen. Hm, welche Karte könnte ich mir für sie ausdenken?«

»Ich weiß schon, ich werde ihre Aufmerksamkeit auf etwas lenken, das *sicher und dem Herzen Gottes nahe* scheint, das aber doch die Herrlichkeit Gottes nicht im Mittelpunkt hat. Ich werde sie denken lassen, es gehe hauptsächlich um sie selbst! Ja, Gott hat alles für sie gemacht! Das werde ich so übertreiben, dass dieser Gedanke die Herrlichkeit Gottes selbst in den Schatten stellt!« (Sein hämisches Lachen hallt von den Wänden der Hölle wider.)

Was also tat Satan? Er verwendete unsere natürliche Neigung zur Selbstsucht und schuf eine Karte, die einen der Wege missbrauchte, die Gott erwählt hatte um seine Herrlichkeit bekannt zu machen. Er nahm etwas, was sicher und dem Herzen Gottes nahe war, wie etwa sein Verlangen, uns zu segnen, um es aus dem Zusammenhang zu reißen und völlig zu übertreiben.

Für eine Katze geht es im christlichen Leben nur darum, von Gott gesegnet zu sein. Sie hört: »Gott will dich segnen! Und nicht nur das, Gott tat alles nur für *dich*!«

Katzen denken folgendermaßen:

- Er starb, um uns ein gutes Leben zu schenken
- Die Engel sind dazu da, uns zu dienen und auf uns aufzupassen
- Die Gemeinde ist dazu da, unsere Bedürfnisse zu stillen
- Gott ist dazu da, sich um uns zu kümmern und uns zu segnen

Wo wird da Gott verherrlicht? »Er wird verherrlicht!«, mag eine Katze ausrufen. »Gott wird am meisten verherrlicht, wo er mich segnet. Es geht doch um mich! Je mehr Gott mich segnet, desto mehr Ehre bekommt er!« Katzen können sich kaum eine Situation vorstellen, in der Gott verherrlicht wird ohne sie zu segnen. An genau diesem Punkt äußert sich die feine und unterschwellige Veränderung in der Sichtweise einer Katze. Es geht ihr nämlich nicht wirklich darum, dass Gott dadurch, dass er uns segnet, *verherrlicht wird*. Die Katze legt ihr Hauptaugenmerk darauf, von Gott *Segnungen zu bekommen.* Sie merkt gar nicht, dass sie dadurch in ihren Augen selbst wichtiger wird als die Herrlichkeit Gottes. Satans Kartenspiel hat den Nagel auf den Kopf getroffen, wenn Katzen denken »Es geht immer um uns!«.

Will Gott uns segnen? Ja. Er freut sich daran, uns zu segnen. Er will aber nicht, dass die Segnungen bei uns Vorrang gegenüber seiner Herrlichkeit bekommen. Er will, dass seine Herrlichkeit in den Segnungen sichtbar wird, nicht dass sie übersehen wird. Kann Segen dazu führen, dass Gottes Herrlichkeit für uns Nachrang hat? Absolut. Genau das passiert Katzen-Christen auf der ganzen Welt. Sie sind so mit dem Wunsch Gottes beschäftigt, sie zu segnen, dass die Herrlichkeit Gottes für sie nicht mehr erste Priorität hat. Tommy

Tenney drückt das in seinem Buch »*The God Chasers*« (die Gottesjäger) folgendermaßen aus: »Ironischerweise war es letztlich der Segen des Vaters, der die Reise des verlorenen Sohnes, weg aus der Gegenwart des Vaters, finanzierte.«

Welche Karten hat Satan für uns Christen noch bereit? Nun, einfach alles, was sicher und dem Herzen Gottes nahe ist. Eine solche Karte ist die »Recht auf Leben« Kampagne in den USA. Gefällt es Gott, wenn das Leben von Ungeborenen gerettet wird? Ja, natürlich. Kann dieses Ziel Vorrang gegenüber der Herrlichkeit Gottes bekommen? Ja, lies nur deine Zeitung. Leider kann etwas, das gut und dem Herzen Gottes nahe ist (Ungeborene zu retten) in einem Maße Priorität erlangen, dass manche Christen damit rechtfertigen, »im Namen Jesu« Ärzte zu ermorden und Kliniken zu bombardieren.

Sieht Gott über solche Taten hinweg? Nein. Aber Satan kann manche Gläubigen dazu bringen, von einer bestimmten Idee so besessen zu sein, dass sich ihr ganzes Leben nur mehr darum dreht und sie dadurch andere Gebote Gottes brechen.

Zu einer weiteren Karte kann die örtliche Gemeinde einer Katze werden. Manche Katzen denken, in ihrem christlichen Leben gehe es nur um *ihre* Gemeinde. Geld fließt in Strömen in die Gemeinde und es geht nur mehr um Dinge wie: »Wie schaffen wir es, dass *unsere* Gemeinde noch größer wird und dass wir größere Menschenmengen anziehen?«, oder »Wir vertrauen Gott, dass er in *dieser* Gemeinde Wunder wirkt.« (wobei keine der anderen Kirchen und Gemeinden der Stadt Erwähnung finden). Viel Zeit und Mühe wird für die Jugend aufgewendet: »Was können wir tun, um *unserer* Jugend zu helfen, dass sie Christus erkennt und ihm nachfolgt?«. Aber manchmal wird die Jugend zwar erreicht, aber ihr Augenmerk wird nicht auf die Herrlichkeit Gottes gerichtet. Und, ohne es zu merken, ergreifen die eigenen Ziele derart von den Jugendlichen Besitz, dass ihnen nie der Gedanke kommen würde, für den Pastor oder den Gottesdienst der Nachbargemeinde zu beten. »Warum sollte ich für die anderen beten?« denkt die Katze bei sich selbst, »Sie gehören doch nicht zu unserer Gemeinde«.

Hunde dagegen beten nicht nur für ihren Pastor und ihre Gemeinde, sie beten auch für andere Pastoren und Leiter und andere Kirchen in der Umgebung, weil sie wissen, dass es bei der Gemeinde Jesu um das Reich Gottes geht und dass Gott sich in den anderen Gemeinden genauso verherrlicht. Ist es falsch, am Sonntag Morgen für deine eigene Gemeinde zu beten? Nein, natürlich nicht. Aber es könnte unvollständig sein. Katzen beten deshalb nicht für andere Gemeinden, weil sie nur um ihre eigene Gemeinde besorgt sind. Katzen müssen erst lernen, sich stärker des Reiches Gottes im umfassenden Sinne anzunehmen.

Ein großer Teil dieser selbstsüchtigen Kommunikation wird uns ohne Worte und ganz subtil vermittelt. Wir wollen daher zeigen, wie wir sie trotzdem aufspüren können.

Vier kranke Menschen

Im Jahr 1999 erschütterte ein riesiges Erdbeben die Türkei. Offizielle Berichte sprachen davon, dass 18 000 Menschen getötet wurden. Weitere Hunderttausende wurden verwundet und viele andere wurden obdachlos. Eine ganze Woche lang waren die Sendungen der Nachrichtenstationen gefüllt mit diesem Ereignis. Es war unmöglich, das Erdbeben und die Hilfsaktionen in diesem Land nicht zu registrieren.

Der erste Sonntag nach dem Erdbeben verlief wie jeder andere Sonntag des Jahres. In Amerika standen die Christen auf und gingen zur Kirche, in vollem Bewusstsein dessen, was tausende Meilen von ihnen entfernt geschehen war. Und was passierte?

In einer bestimmten Gemeinde wurde gebetet. Aber wofür beteten sie? Beteten sie für die hunderttausenden von Moslems, die verletzt worden waren, von denen einige an der Schwelle zur Ewigkeit standen, ohne Christus kennen gelernt zu haben? Beteten sie für die Millionen von Obdachlosen, damit sie an der Hilfe und am Mitgefühl der Christen die Herrlichkeit Gottes erkennen könnten? Nein. An diesem speziellen Sonntag betete die Gemeinde ausschließlich für vier Gemeindeglieder, die krank im Spital lagen.

Lass dir das einmal zu Herzen gehen! Sie beteten für vier Leute in einer amerikanischen Großstadt mit den besten medizinischen Möglichkeiten, den besten Ärzten und den besten Geräten, für Leute, deren Ewigkeit durch das Blut Jesu gesichert war und erwähnten mit keinem Sterbenswort die Situation in der Türkei. Was vermittelten sie damit den Leuten in der Gemeinde? »Es geht nur um uns! Machen wir uns Sorgen um unsere Leute, unsere Jugend, unser Gebäude, unsere Senioren, und machen wir uns keine Sorgen über den Rest der Welt. In unserer Gemeinde konzentriert sich Gott auf uns!«

Indem Gott uns liebt, konzentriert er sich natürlich auf uns, um uns das zu offenbaren, was für ihn vorrangig ist: seine Herrlichkeit. Vor allem anderen möchte er seine Herrlichkeit in uns noch präziser zum Ausdr,uck bringen und dafür sorgen, dass diese Herrlichkeit durch uns bis zu den Enden der Erde ausstrahlt. Wir sind ein wesentlicher, bedeutungsvoller, aber zugleich kleiner Bestandteil seines Plans. Katzen verstehen das Evangelium zu sehr persönlich und privat.

Würden die Leiter der genannten Gemeinde sagen, dass ihnen die Welt nicht am Herzen liegt? Nein, natürlich nicht! Sie kennen und lieben den Herrn und die Welt. Aber unbemerkt brachte Satans subtiles Kartenblatt die Gemeinde dazu, ohne Worte etwas zu vermitteln, was sie überhaupt nicht vermitteln wollte. Denk daran, dass es oft nicht darum geht, was gesagt wird, sondern darum, was nicht gesagt wird. Es ist nicht falsch, aber es ist *unvollständig*.

Wir möchten noch ein weiteres Beispiel dafür geben, wie subtil unser Egoismus ins Spiel kommt. Es geht darum, wie Satan die

Karte »kirchliche Denomination« (Konfession) ausspielt. Im Glauben kann es ganz schnell darum gehen, dass unsere Kirche oder unser Bund mehr Leute anzieht, mehr Mitglieder bekommt und mehr Gelder zur Verfügung hat als andere. Dabei dreht sich immer alles nur um uns.

Auf Grund vieler Anfragen kommen unsere Redner in viele Gemeinden unterschiedlicher Konfessionen. In einer solchen Gemeinde stand jemand auf und sagte: »Ich bin so stolz darauf, zu dieser Kirche zu gehören.« »Au«, wollen Hunde hinausschreien, »Es ist nicht falsch sich zu einer bestimmten Denomination zu zählen, aber lass es nicht zu, dass dein Stolz mit dir durchgeht!«

Paul, Seniorpastor einer Kirchengemeinde in Virginia, stand vor der ganzen Versammlung auf und sagte: »Was auch immer du tust, wenn du in den Himmel kommst, sag Gott nicht dass du zur Pfingstgemeinde gehörst. Das ist ihm egal! Wichtig ist ihm nur, wie du dein Leben mit ihm führst.« Dieser Pastor gehört zu den Hunden. Er versteht das umfassendere Konzept des Reiches Gottes. Es ist gleichgültig, welcher Kirche du beigetreten bist. Das einzige was zählt ist, dass Gottes Herrlichkeit zum Ausdruck kommt.

Gottes Werke verdrängen seine Herrlichkeit

Hier ist ein weiteres Beispiel dafür, wie Katzentheologie mit dem, was wir vermitteln, in Konflikt kommen kann. Wir »verkürzen« unsere Kommunikation. Das heißt, wir sagen nur einen Teil von dem, was wir sagen wollen und gehen davon aus, dass die Zuhörer, wo erforderlich, selbst die Lücken füllen werden. Wenn wir unsere Kommunikation solcherart verkürzen, dann führt das oft auch dazu, dass wir Gott in seiner Herrlichkeit »verkürzen«. Wir meinen zwar, dass jeder versteht, dass es uns um die Verherrlichung Gottes geht, wir erwähnen es aber nicht. Dies sollte nicht passieren. Wenn wir der Herrlichkeit Gottes in unseren Worten keine spezielle Aufmerksamkeit widmen, dann erhält er sie nur selten.

Ich (Bob) sprach auf einem Seminar und der Präsident des Seminars stand auf, um mich vorzustellen. Bevor er das tat, erzählte er noch von seiner Reise in verschiedene andere Gemeinden und Schulen am Tag zuvor. Dabei erwähnte er, wie viele der Pastoren und Professoren dieser Institutionen Absolventen ihres Seminars seien. (Er erwähnte keine anderen Absolventen, oder was an anderen Orten geschah). Leider wurde auch die Herrlichkeit Gottes nirgends besonders erwähnt. Er ging einfach davon aus, dass Gottes Reich im umfassenderen Sinn verstanden werden würde.

Weil aber Gott und seine Herrlichkeit mit keinem Wort Erwähnung fanden, wurde das Hauptaugenmerk der Hörer unabsichtlich von Gott weg und auf die Schule hin gelenkt. Dies vermittelte den Eindruck, sie sollten sich nur darüber begeistern, was durch sie selbst geschah und geschehen würde (Katzen lieben das!). Er sagte das zwar nicht mit Worten, und bestimmt meinte er es auch nicht so, aber indirekt konnte man das aus seiner Botschaft durchaus ableiten.

Würde einer der Studenten oder vom Lehrkörper so denken? Nein, nicht bewusst. Würde der Präsident so etwas sagen? Nein, nicht bewusst. Aber unbewusst richtete er auf subtile Weise Schaden an. Ihre Augen waren hauptsächlich auf das Seminar gerichtet und erst in zweiter Linie auf das Reich Gottes. Verkürzte Kommunikation verschiebt unser Hauptaugenmerk auf etwas anderes als auf Gott.

Vier Hände

Ein weiteres, perfektes Beispiel für Katzentheologie kam in einem Vortrag von Greg Livingstone im Jahre 1980 in einer großen, zu einer Denomination gehörenden Kirche zum Ausdruck. Zu diesem Zeitpunkt waren 52 Amerikaner in der amerikanischen Botschaft im Iran in Geiselhaft. Livingstone war eingeladen worden, über den Islam zu sprechen, aber er wurde nicht gebeten, die Hauptbotschaft zu predigen, sondern nur über den Missionsgedanken. Das war eine große Enttäuschung, aber seine kurze Botschaft war kraftvoller als die Predigt.

Ohne lange Einleitung kam er gleich zum Thema: »Wie viele von euch beten für die 52 Amerikaner, die im Iran festgehalten werden?« Viertausend Hände schossen sofort in die Höhe. Er fuhr fort: »Wow, das ist großartig! Aber lasst mich noch eine weitere Frage stellen und beantwortet sie genauso ehrlich, denn Gott schaut euch zu. Wie viele von euch beten für die 42 Millionen Iraner, die vom Islam als Geiseln gehalten werden?«

Zögernd gingen 4 Hände nach oben.

»Was«, sagte er, »nur vier Leute? Seid ihr etwas zuerst Amerikaner und erst in zweiter Linie Christen? Ich dachte, ihr seid eine Bibelgläubige Gemeinde?«. Dann setzte er sich wieder. (Ich brauche wohl nicht erwähnen, dass er nie wieder eingeladen wurde.)

Aber er hatte Recht. Wir können zuerst Deutsche, Schweden oder Amerikaner sein und erst in zweiter Linie Christen. Wir können uns mehr darüber begeistern, was Gott in unserer Denomination tut als darüber, was Gott in seinem weltweiten Reich vollbringt. Wir können so aufgeregt darüber sein, was in unserer Gemeinde passiert (oder nicht passiert), dass wir uns über die Erweckung ärgern, die in einer anderen Gemeinde, ein paar Straßen weiter, stattfindet.

Es passiert leicht, eine Katze zu sein, weil dazu nur gute und sichere Dinge gehören, die alle dem Herzen Gottes nahe stehen. Wir fragen uns vielleicht: »Wie könnten wir da jemals falsch liegen?«. Die Antwort ist, dass Katzen in ihrem christlichen Leben der Herrlichkeit Gottes bereitwillig den zweiten Platz zugewiesen haben, damit das, was ihnen selbst gut tut, den ersten Platz einnehmen kann.

Einschub

Die zehn Gefahren der Katzentheologie

Wo geht's in die falsche Richtung?

Die Standardspurweite, d. h. die Entfernung zwischen den Schienen, beträgt bei den amerikanischen Eisenbahnen 4 Fuß, 8 ½ Inches. Das ist eine ziemlich eigenartige Zahl. Warum gerade 4 Fuß und 8 ½ Inches? Wie kam man auf dieses Maß? Man verwendete es, weil man das in England auch so gemacht hatte und weil es englische Auswanderer waren, die die amerikanischen Eisenbahnen bauten.

Vielleicht fragst du: »Okay, aber warum bauten die Briten ihre Eisenbahnen so?«. Das geschah, weil die britischen Eisenbahnen von denselben Leuten konstruiert wurden, die die Pferdestraßenbahnen davor gebaut hatten, und das war die damals übliche Spurweite. Und warum wurde diese Spurweite von jenen gewählt? Weil die Erbauer der Straßenbahnen dieselben Muster, Schablonen und Werkzeuge verwendeten, wie sie zum Bau von Kutschen in Verwendung standen, bei denen es dieselben Radabstände gab.

Nun fragst du vielleicht noch: »Aber warum hatten die Kutschen einen solch eigenartigen Radabstand?« Nun, wenn man sich für andere Abstände entschieden hätte, dann hätten die Räder auf manchen der alten englischen Fernstraßen abbrechen können, weil es dort tiefe Rillen gab.

Schließlich wunderst du dich: »Aber wer hinterließ die Rillen auf den Straßen?« Die ersten Fernstraßen in England wurden von den Römern für ihre Legionen gebaut. Seither hatten diese Straßen immer in Verwendung gestanden. Und die Rillen? Die römischen Streitwägen hatten die Rillen verursacht und jeder musste sich daran anpassen, aus Angst, dass sein Wagen und seine Räder sonst Schaden leiden könnten. Da aber die Streitwägen in Rom hergestellt worden waren, hatten sie alle dieselbe Spurweite. Und die römischen Streitwägen waren gerade breit genug, dass sie zu den Hinterteilen zweier Streitrösser passten.

Die Antwort auf unsere ursprüngliche Frage lautet also: Die Spurweite der amerikanischen Eisenbahnen von 4 Fuß, 8 ½ Inches beruht auf der Breite des Hinterteils zweier Pferde, die einen römischen Streitwagen zogen.

So lächerlich das auch klingt, es gibt noch etwas. Hier ist der Rest der Geschichte: Wenn wir ein Space Shuttle auf der Abschussrampe beobachten, dann sehen wir zwei Startraketen, die seitlich am Hauptbrennstofftank befestigt sind. Das sind solide Raketentriebwerke, die auch SRBs genannt werden. Diese SRBs werden von der Firma Thiakol in ihrem Werk in Utah hergestellt.

Es gibt ein Gerücht, dass die Ingenieure, welche die Triebwerke konstruierten, diese lieber ein bisschen breiter gemacht hätten. Aber die SRBs mussten per Bahn von der Fabrik zur Startrampe transportiert werden. Diese Bahnlinie verläuft durch einen Tunnel in den Bergen und durch den mussten die SRBs passen. Der Tunnel ist nur wenig breiter als die Schienen der Bahn, und deren Spurweite entspricht der Breite von zwei Pferde-Hinterteilen.

Das Hauptkonstruktionsmerkmal des wohl fortschrittlichsten Transportsystems der Welt wurde also von der Breite zweier Pferde-Hinterteile bestimmt!

Verstehst du also, wie wichtig es ist, das richtige Fundament zu legen? Ohne dieses Fundament wird alles andere Schlagseite bekommen und in die falsche Richtung gehen! Und genau das passiert, wenn wir uns mit Katzentheologie anfreunden; sie führt uns in die Irre. Wir merken es nicht, aber mit der Zeit übernehmen wir eine sehr selbstsüchtige Theologie, die viele Gefahren mit sich bringt. Im nächsten Abschnitt dieses Buches wollen wir uns über zehn Gefahren von Katzentheologie unterhalten.

Wir haben sie hier aufgelistet:

- Katzen haben eine Wohlfühltheologie
- Katzen lesen und verstehen selektiv
- Katzen wenden nicht alles an
- Katzen haben eine selektive Theologie
- Katzen haben ein Evangelium nur für Sieger
- Katzen denken, das Leben sei immer fair
- Katzen entwickeln falsche Prioritäten
- Katzen sprechen selbstsüchtige Gebete
- Katzen übernehmen humanistische Gedanken
- Katzen berauben Gott seiner Herrlichkeit

6 Wohlfühltheologie: Selektives Lesen und Verstehen, selektive Anwendung und selektive Theologie

Debbie und ich (Bob) lieben es, gemeinsam mit unseren Kindern als Familie einen Radausflug zu machen. Weil wir am Land wohnen, sind die Straßen zu schmal, um darauf sicher Rad zu fahren. Wir laden daher meistens die Kinder und die Räder in unseren Truck und suchen nach der geeigneten Umgebung für unseren Ausflug. Ein Landstrich ganz in der Nähe von uns hat einen wunderschönen See in der Mitte. Es macht viel Spaß, um den See zu radeln und sich dabei die verschiedenen Häuser anzusehen. Es gibt dabei nur eine Straße um dort hinzugelangen – es gibt auch keinen anderen Weg zurück.

An einem wunderschönen Frühlingstag fuhren wir mit unseren Kindern dort hin. Als wir losradelten, übernahm ich die Spitze. Wir genossen es, uns die schönen Bäume und die lieblichen Gärten der Häuser anzusehen an denen wir vorbeizogen. Ohne mir viel über unseren Kurs Gedanken zu machen, fuhr ich zu den letzten Häusern in der Nachbarschaft und bog dort nach links ab. Auch an dieser

Straße gab es wunderschöner Häuser. Wir staunten über einzelne Merkmale und machten unsere Kommentare zum Stil jedes Hauses und darüber, mit welch enormer Sorgfalt der Rasen gepflegt wurde.

Die Zeit verging wie im Flug. Mit einem Mal stellte ich fest, dass die Straße, auf der wir uns befanden, an eine weitere Straße anschloss. »Komisch«, dachte ich mir, »Ich meinte, es gäbe nur eine Zufahrtsstraße zu dieser Siedlung.« Ich wurde direkt ein bisschen aufgeregt bei dem Gedanken, dass es da noch weitere Gebiete zu erforschen gäbe. Als wir uns schließlich der Kreuzung näherten verstand ich, was passiert war. Ich hatte mich so sehr auf die Häuser konzentriert, dass mir eine leichte Biegung der Straße entgangen war, die uns schlussendlich total im Kreis fahren ließ. Wir hatten uns um 180 Grad gedreht, ohne es überhaupt zu bemerken!

Genau das passiert, wenn du dich auf Katzentheologie einlässt. Dein Weg dreht sich um 180 Grad, ohne dass du es bemerkst. Anfangs konzentrierst du dich auf Gott und auf seine Herrlichkeit, und am Ende bewegst du dich in die entgegengesetzte Richtung und sagst: »Es geht dabei nur um mich!«. Diese langsame Wende um 180 Grad führt zu einigen wesentlichen Problemen und oft sind wir uns dessen gar nicht bewusst.

Wohlfühltheologie

Ohne es zu bemerken findet im Denken vieler Christen ein Filterungsprozess statt, sodass sie sich nur auf solche Bibelverse konzentrieren und sich nur die merken, die ihnen ein gutes Gefühl vermitteln. Als ob sie den Inhalt eines Kühlschranks überprüfen würden, öffnen sie ihre Bibel und nehmen nur jene Stellen heraus, durch die sie sich gut fühlen. Alles Übrige lassen sie drinnen. Wir wollen zeigen, wie das funktioniert.

Wenn du beobachtest, welches die Lieblingsverse sind, die Christen gerne auswendig lernen, wirst du herausfinden, dass es dabei um ihre Bequemlichkeit und Sicherheit geht. Katzen lernen gerne Passagen wie die folgende auswendig: Psalm 103,11–13:

> Denn so hoch die Himmel über der Erde sind, so übermächtig ist seine Gnade über denen, die ihn fürchten. So fern der Osten ist vom Westen, hat er von uns entfernt unsere Vergehen. Wie sich ein Vater über Kinder erbarmt, so erbarmt sich der HERR über die, die ihn fürchten.

Aber frage einmal nach, ob sie jemals 1. Petrus 2,20–21 auswendig gelernt haben, wo steht, dass wir zum Leiden berufen sind. Sie werden antworten: »Nein. Ich bin zum Leiden berufen? Bist du sicher?«

Sie lieben es über Matthäus 11,28–30 zu meditieren:

> Kommt her zu mir, alle ihr Mühseligen und Beladenen! Und ich werde euch Ruhe geben. Nehmt auf euch mein Joch und lernt von mir! Denn ich bin sanftmütig und von Herzen demütig, und »ihr werdet Ruhe finden für eure Seelen«; denn mein Joch ist sanft und meine Last ist leicht.

Aber frag sie, ob sie jemals über Exodus 20,5 meditiert haben, wo steht, dass Gott ein eifersüchtiger Gott ist, und sie werden sagen: »Nein. Gott ist eifersüchtig? Bist du sicher? Das ergibt doch keinen Sinn.«

Sie sind froh, Jeremia 29,22–13 zu lernen und im Leben anzuwenden:

> Denn ich kenne ja die Gedanken, die ich über euch denke, spricht der HERR, Gedanken des Friedens und nicht zum Unheil, um euch Zukunft und Hoffnung zu gewähren. Ruft ihr mich an, geht ihr hin und betet zu mir, dann werde ich auf euch hören. Und sucht ihr mich, so werdet ihr mich finden, ja, fragt ihr mit eurem ganzen Herzen nach mir.

Aber sie wissen nicht, wie sie Matthäus 5,23 – 24 ins Leben übertragen sollen, wo steht, dass man zuerst einen Streit beilegen und sich versöhnen soll, bevor man seine Stille Zeit hat.

Sie sehen, dass Psalm 40,2 – 4 für ihr Leben wahr ist:

> Beharrlich habe ich auf den HERRN geharrt, und er hat sich zu mir geneigt und mein Schreien gehört. Er hat mich heraufgeholt aus der Grube des Verderbens, aus Schlick und Schlamm; und er hat meine Füße auf Felsen gestellt, meine Schritte fest gemacht. Und in meinen Mund hat er ein neues Lied gelegt, einen Lobgesang auf unseren Gott. Viele werden es sehen und sich fürchten und auf den HERRN vertrauen.

Aber sie sehen nur selten, dass der Sendungsbefehl in Matthäus 28,18 – 20 für sie gemeint ist.

Mit Freude beten sie das Gebet des Jabez:

> Dass du mich doch segnen und mein Gebiet erweitern mögest und deine Hand mit mir sei und du das Übel von mir fern hieltest, dass kein Schmerz mich treffe! (1.Chr.4,10)

Aber sie beten nie das Gebet des Paulus:

> [Mir geht es darum], »ihn und die Kraft seiner Auferstehung und die Gemeinschaft seiner Leiden zu erkennen, indem ich seinem Tod gleichgestaltet werde« (Phil.3,10)

Warum erinnern sie sich nicht an jene anderen Verse? Die Antwort ist einfach. Dann würden sie sich ja nicht gut fühlen. Und Katzentheologie ist eine Wohlfühltheologie, die nur Stellen durchdringen lässt, die solche guten Gefühle ermöglichen.

Wenn Katzen das tun, verstehen sie Gottes Unterweisung immer selektiver und übersehen überall die Herrlichkeit Gottes.

Selektives Lesen und Verstehen

Vielleicht ist dir der Satz vertraut: »Gott ist Liebe und möchte dich segnen. Gott ist gut zu dir allezeit.« Wahrscheinlich hast du diesen oder einen ähnlichen Satz schon in Texten christlicher Songs gefunden. Wir sind davon überzeugt, dass Satan nicht allzu beunruhigt ist, wenn wir so etwas hören, singen oder wiedergeben. Warum? Weil Teile der Botschaft fehlen, von denen Satan weiß, dass es wesentliche Bestandteile sind. Was fehlt also? Gottes Herrlichkeit fehlt. Wenn die ganze Schöpfung und jedes Leben dazu da ist, ihn zu verherrlichen, wo findet sich das in der genannten Botschaft wieder? (Es ist auch ein weiteres Beispiel, wie christliche Botschaft verkürzt wird). Manche einer mag antworten: »Weißt du, das mag stimmen, aber ich habe den guten Teil davon verstanden, jenen Teil, der mir sagt, dass Gott mich liebt und mich segnen möchte und das ist es was zählt!«

Stellen wir den genannten Satz einmal in den Zusammenhang strategisch wichtiger Aussagen über die Herrlichkeit Gottes und sehen wir, ob sich dadurch etwas ändert. (Der ursprünglich genannte Satz ist kursiv gedruckt). Das sieht dann folgendermaßen aus:

> Gott macht seine Herrlichkeit in der gesamten Schöpfung sichtbar, von den fernsten Galaxien bis zur unscheinbarsten Blume im Garten, vom strahlenden Licht bis zum brüllenden Löwen, vom Gelächter eines Kindes bis zum Grollen des Donners. Auf bewundernswerte Weise kommt seine Herrlichkeit auch darin zum Ausdruck, wie er Menschen aus allen Völkern liebt und wie *Gott dich liebt und dich segnen möchte*.
>
> Er möchte, dass du dich über seine Herrlichkeit freust, indem du über die Sterne staunst, riechst, wie eine Rose duftet, die warme Sonne spürst, etwas über das Leben der Löwen lernst, dich am Lachen der Kinder freust und dem grollenden Donner lauschst und indem du selbst für deinen Nachbarn und für Menschen aus anderen Völkern zum Segen wirst. Seine Herrlichkeit erfüllt die Erde, wie Wasser die Meere füllt. Seine Herrlichkeit besteht in allen Dingen. *Gott ist gut zu dir,*

indem er es dir ermöglicht, seine Herrlichkeit zu erfahren und daran Anteil zu haben, *allezeit*.

Klingt das nicht anders? Obwohl der ursprüngliche Satz immer noch da ist, verstehen wir ihn jetzt als kleineren Bestandteil einer umfassenderen Botschaft – der Botschaft von der Herrlichkeit Gottes. Gott *ist* allezeit gut, aber seine Güte kommt darin zum Ausdruck, dass er uns seine *Herrlichkeit* sehen, sie verstehen, schätzen und bezeugen lässt. Gott will, dass wir uns auf seine Herrlichkeit konzentrieren, aber unsere selektive Wahrnehmung lässt uns auf das schauen, was Gott für uns tut.

Als ich (Bob) die Gelegenheit hatte, auf einer Konferenz in Liberia zu sprechen, hatte ich mich gerade intensiver mit diesem Prinzip beschäftigt. Gegen Ende stand der Moderator auf und begann einen bekannten Wechselgesang, der folgendermaßen geht: »Gott ist gut«, worauf die Leute antworten »allezeit«. Das wird normalerweise zwei oder drei Male wiederholt, bevor der Moderator die Reihenfolge umdreht und beginnt: »Allezeit« und die Leute antworten »ist Gott gut«.

Als er mit diesem Song begann, nahm ich ihn kurz beiseite und sagte: »Du musst sehr aufpassen, wenn du das sagst, denn sonst konzentrieren wir uns auf uns selbst und nicht auf Gottes Herrlichkeit. Ich möchte dir einen neuen Text vorschlagen (funktioniert silbenmäßig nur auf Englisch): Ich sage ›Gott ist eifersüchtig‹, du antwortest mit ›allezeit‹, worauf ich die Reihenfolge umdrehe und mit ›allezeit‹ beginne, und du antwortest mit ›zu seiner Herrlichkeit‹.« (Ein deutschsprachiges Äquivalent könnte etwa sein: »Gott will Ehre – allezeit; allezeit – ihm zum Ruhm«). Als die 250 Pastoren anfingen zu rufen »zu seiner Herrlichkeit«, war offensichtlich, dass in ihrem Herzen eine Veränderung stattgefunden hatte. Sie hatten's begriffen. Zu diesem Zeitpunkt wurde ihnen klar, dass es bei allem nur um Gott geht. Das wurde ihnen deshalb deutlich, weil sich etwas verändert hatte, was ihnen sehr vertraut war, und das wiederum machte ihnen sonnenklar, dass der Schwerpunkt ein völlig anderer war.

Noch ein weiteres Beispiel? Viele von uns haben schon Kärtchen zum Auswendiglernen von Bibelversen verwendet die man an den Kühlschrank oder an einen Spiegel kleben kann. Dort finden wir dann Verse wie Epheser 2,6 – 7: »und er hat uns mit auferweckt und mit sitzen lassen in der Himmelswelt in Christus Jesus, . . .«

Ist dir aufgefallen, dass das nicht der ganze Satz ist? Katzen lernen nur jenen Teil des Satzes auswendig, bei dem es um sie geht. Es passiert so leicht, dass wir beim Lesen von Gottes Wort nur an uns selbst denken. Wir suchen Verse, die uns ansprechen, aber wir machen uns nicht die Mühe, jene Verse zu lernen, die nicht auf uns hinweisen. Der genannte Vers geht mit dem Wort »damit« weiter. Frage dich, was danach kommt? Hast du es schon einmal beachtet?

Mit dem Wort »damit« wird auf den Grund hingewiesen, *warum* Gott dich und mich erlöste. Gott sagt, es gibt einen Zweck, ein Ziel deiner Erlösung. Was ist es? Warum erlöst er uns? Der restliche Vers vervollständigt den Gedanken und beantwortet diese Frage: »damit *er* in den kommenden Zeitaltern den überschwenglichen Reichtum *seiner* Gnade durch *seine* Güte gegen uns erwiese in *Christus Jesus*.« (V.7).

Gott erlöste dich und mich, um seine Herrlichkeit zu zeigen! Was für ein wunderbarer Gedanke. Gott muss so viel Herrlichkeit besitzen, so viel Gnade und Barmherzigkeit, dass er sie in alle Ewigkeit sichtbar machen wollte. Er schuf uns, damit er sie für immer und ewig, und ewig, über uns ausgießen könnte!

Beachte nun noch etwas Besonderes in diesem Vers. Wir haben die Worte kursiv geschrieben. Viermal bezieht sich Gott hier auf sich selbst mit den Worten »er«, »seiner«, »seine« und »Christus Jesus«. Vier Mal nennt er sich selbst und nur ein Mal nennt er uns. Und worauf konzentrieren wir uns in diesem Vers? Wir konzentrieren uns auf »uns« und sagen: »Preist den Herrn! Es geht dir nur um uns, Gott. Du starbst am Kreuz für uns um uns mit ihm aufzuerwecken und mit Christus einen Sitzplatz im Himmel zu geben.«

Nun, das stimmt, aber der Zusammenhang ist, dass er seine Barmherzigkeit in den kommenden Zeitaltern sichtbar machen wollte. Unsere selektives Zuhören und Lesen scheint genau den Teil herauszufiltern, bei dem es um Gottes Plan geht, seine Herrlichkeit zu zeigen. Stattdessen konzentrieren wir uns auf den Teil, wo es um uns geht.

Johannes 3,16 ist ein weiteres Beispiel. Wusstest du, dass Hunde und Katzen diesen Vers unterschiedlich lesen? Unten ist ein Beispiel, wie ein Hund Johannes 3,16 liest und übersetzt. (Der Klammerausdruck zeigt jeweils, was ein Hund denkt, wenn er sich mit der Stelle beschäftigt.)

- »Denn Gott (Das Alpha und Omega, der große »Ich bin«, der Herr, der allmächtige Gott)
- liebte (Dieser Gott liebt bedingungslos? Sogar, wenn ich ihn beleidige? Das ist unglaublich!)
- die Welt (Warum uns? Wir sind doch von Geburt an so sündig. Wir sind so unrein, so egoistisch. Unser Herz ist hoffnungslos krank. Ist er sich da wirklich sicher?)
- so sehr, dass er seinen einzig geborenen Sohn gab, (Er gab seinen Sohn? Seinen *einzigen* Sohn? Er nimmt unsere Bestrafung auf sich? Er wird zum Opfer? Aber er ist doch unschuldig.)
- damit jeder, der an ihn glaubt, (Meinst du wirklich jeder? Jeder Mann, jede Frau, jedes Kind? Auch ein Hindu? Ein Moslem? Ein Buddhist? Der Vertreter einer Stammesreligion? Das gibt unglaublich viel Hoffnung.)
- nicht verloren geht, sondern das ewige Leben hat.« (Er vergibt jedem Menschen seine Sünden? Keiner von uns muss mehr für all das Schlechte bezahlen, das er getan hat? Wir sind alle gerecht, rein und heilig? Er ist so voller Barmherzigkeit! Er ist einfach phantastisch!)

Katzen lesen Johannes 3,16 auch, aber Katzen lesen und übersetzen die Stelle mit einer anderen Betonung (die wieder in Klammer steht). So verstehen Katzen diesen Text:

- »Denn Gott (Okay, wunderbar, es geht also um Gott. Schauen wir einmal weiter.)
- liebte die Welt so sehr, (Hei, das sind ja wir! Es geht ihm um uns! Das ist super! Gott tat alles für uns!)
- dass er seinen einzig geborenen Sohn gab, (Jaaah! Lass mich darüber einmal nachdenken. »Feiert Jesus, feiert.« Das müssen wir doch nicht immer wieder tun, oder?)
- damit jeder, der an ihn glaubt, (Hei, da geht's schon wieder um uns! Das ist großartig. Gott tut das alles für *uns*!)
- nicht verloren geht, sondern das ewige Leben hat.« (Mann oh Mann, ewiges Leben! Ich kann's kaum erwarten. Wenn ich einmal in den Himmel komme, dann bekomme ich hoffentlich ein großes Haus mit viel Land drum herum, vielleicht mit einem hübschen Wasserfall; und viele Zimmer soll es haben, große Zimmer; und dort kann ich hoffentlich auch fernsehen und Tennis und Golf spielen. Das wird so viel Spaß sein dort oben. Was für ein wunderbarer Gott!)

Es ist natürlich leicht, den großen Unterschied zu sehen. Hunde sind einfach darüber verwundert, dass Gott liebt, Punkt. Es geht nicht nur darum, dass Gott sie liebt, sondern dass Gott irgendjemanden und alle Menschen liebt – Moslems, Buddhisten, Hindus usw. Katzen sind auf die Tatsache konzentriert, dass Gott sie liebt. Sie können nicht über ihren eigenen Tellerrand hinaussehen.

Es ist die Wahrheit, dass Katzen selten Verse lesen und noch viel weniger solche auswendig lernen, die von den Härten des Lebens sprechen, weil sie sich dann nicht gut fühlen. Und wenn sie sich nur auf das konzentrieren, was ihnen hilft, sich gut zu fühlen, dann entsteht eine weitere Gefahr. Wir nennen sie »selektive Anwendung«.

Selektive Anwendung

Wenn Katzen nur bestimmte Teile der Schrift lesen und darauf hören, dann ist es nur logisch, dass sie auch nur bestimmte Teile der Schrift auf ihr Leben anwenden können. Aus der selektiven Wahrnehmung ergibt sich also auch eine selektive Umsetzung. Das bedeutet, dass Katzen nur jene Teile der Schrift auf sich selbst anwenden die ihnen nützlich sind, Teile der Schrift, die ihnen Segnungen versprechen.

Auf einer Leiterkonferenz in Arizona wurden die Leiter von »Frontiers« von Fachleuten darin unterrichtet, wie sie zu besseren Leitern in ihrer Organisation werden könnten. Der Leiterschaftsexperte begann mit folgender Einleitung:

»Hatte Gott einen Plan für Abrahams Leben?« (Die offensichtliche Antwort war »ja«)

»Hatte Gott einen Plan für das Leben von Moses?« (Die offensichtliche Antwort war »ja«)

»Hatte Gott einen Plan für das Leben Davids?« (Die offensichtliche Antwort war »ja«)

»Hatte Gott einen Plan für das Leben des Paulus?«
(Wieder war die offensichtliche Antwort »ja«)

»Hat Gott einen Plan für dein Leben?« (Die folgerichtige Antwort ist »ja«

Es wäre nicht schlecht gewesen, wenn jemand seine Hand erhoben und gesagt hätte: »Entschuldigen Sie bitte, aber ich empfinde das als ziemlich stolz, zu denken, dass ich auf einer Ebene mit Moses stehe. Schließlich waren das alles ganz bestimmte Menschen, die Gott aus einer ganzen Nation auserwählt hatte. Hier aber sitze ich zusammen mit sieben Geschwistern, die alle dieselbe Botschaft hören. Wie können wir alle wie ein Moses, ein David, ein Abraham oder ein Paulus sein? Das waren doch alles Leute, die Gott dazu erwählt hatte, ein ganzes Volk zu führen.«

»Sagt uns Gott, dass wir uns mit Moses vergleichen sollen? Es wäre wohl passender, wenn wir uns mit jemandem aus dem niederen Volk vergleichen würden, vielleicht sogar mit einem Vertreter der Massen, der während der ägyptischen Gefangenschaft sein ganzes Leben als Sklave verbrachte.«

Denken wir einmal über deren Situation nach. Zehn Generationen lebten während der ägyptischen Gefangenschaft. (400 Jahre, geteilt durch 40, die durchschnittliche Dauer einer Generation, ergibt zehn Generationen.) Und nur *eine* Generation wurde befreit! Würden Katzen eine Unterrichtsstunde über dieses Zeitalter abhalten, worauf würden sie ihr Hauptaugenmerk richten? Sie würden jene Generation betonen die befreit wurde und würden davon ableiten, dass Gott und auch alle befreien möchte!

Hundetheologie veranlasst uns aber dazu, noch andere Fragen zu stellen: Liebte Gott auch jene Generationen, die in der Sklaverei verblieben? »Absolut!«, antwortest du. Welchen Plan hatte Gott für ihr Leben? (Katzen mögen diesen Abschnitt nicht.) »Als Sklave geboren zu werden, als Sklave zu leben und als Sklave zu sterben.« Das war sein Plan für ihr Leben. Warum? Weil es in Wirklichkeit nicht um sie ging; es ging um Gottes Ziele. Einer der Gründe bestand darin, dass Gott ihre Gefangenschaft verwendete, um künftige Generationen zu lehren, freundlich zu den Menschen aus anderen Ländern zu sein, die rund um sie wohnen. Lies einmal 5. Mose 24,18.

Warum also wenden Katzen die Lebenslektion der ersten neun Generationen nicht auf ihr Leben an? Weil auf Grund ihrer selektiven Anwendungsmethode nur die letzte Generation etwas bietet, was sie sich für ihr eigenes Leben wünschen, und weil sie sich, wie selbstverständlich, auf diese Lektion konzentrieren und sie anwenden wollen, ohne in Betracht zu ziehen, dass es auch bei den früheren Generationen Lebenslektionen zu lernen gäbe.

Seien wir einmal ehrlich: Wie viele Predigten oder Bibelstunden hast du über die Gefangenschaft in Ägypten und zum Thema Freiheit gehört (oder gehalten)? Wie viele davon hatten Moses und ihre Befreiung aus der Sklaverei zum Inhalt, und wie viele beschäftigten sich mit denen, die als Sklaven geboren wurden, als Sklaven lebten und als Sklaven starben? Natürlich können wir etwas über die Befreiung aus der Sklaverei lehren. Wir können aber auch etwas völlig anderes weitergeben, indem wir betonen: »Gott möchte vielleicht, dass du in der Sklaverei lebst, isst, atmest und stirbst, um dadurch zukünftige Generationen etwas zu lehren.« Zugegeben, das wird nicht der große Renner werden, aber es ist eine richtige Lektion, und zudem eine, die wahrscheinlich gehört und akzeptiert werden sollte. Es geht dabei immer um Gott und nicht um uns!

Wir tun der Familie Gottes nichts Gutes, wenn wir sie nur auf die guten, glücklichen und segensreichen Ereignisse im Leben vorbereiten. Katastrophen, Krisen, Sorgen, Frustration und vieles mehr sind ebenso Teil unseres Lebens, und Katzenlektionen bereiten uns nicht darauf vor. Es gibt sogar Katzen die lehren, dass Christen von solchen Ereignissen verschont bleiben. Wenn das wahr wäre, dann müsste einmal jemand die Propheten, die Jünger, Paulus, Daniel, David, Stephanus und die Märtyrer des ersten Jahrhunderts, ebenso wie Hiob, besuchen und ihnen sagen, was sie falsch gemacht haben.

Ist eine der beiden Lektionen falsch? Nein. Aber eine wird auf Grund selektiver Anwendung vernachlässigt (nicht falsch, nur ....). Dabei ist das nicht die einzige Stelle, wo Katzen die Bibel selektiv angewendet haben. Es gibt eine Unzahl von Geschichten, wo die Lektion, die man ausgewählt hat, positiv ist, obwohl es auch andere, schwierigere Lektionen darin zu lernen gäbe. Warum, zum Beispiel, werden keine Lektionen wie die folgenden gelehrt:

- Deine Geschwister könnten dich als Sklaven verkaufen, damit dich Gott im Ausland verwenden kann. (Die Geschichte von Josef).
- Gott könnte wollen, dass du jemanden aus einer anderen Kultur heiratest, einzig allein deswegen, damit du dich mit deiner

Schwiegermutter zusammentust, nachdem dein Ehepartner gestorben ist. (Die Geschichte von Ruth).

- Gott könnte dich als Prophet in deiner Kirche verwenden, aber du kommst ins Gefängnis und siehst die meiste Zeit deines Dienstes keinerlei Frucht. (Die Geschichte von Jeremia).

- Gott könnte beabsichtigen, dass unser Land eingenommen und verwüstet wird, damit das Evangelium in anderen Ländern Verbreitung findet. (Die Zerstreuung).

- Gott könnte es wollen, dass du in einen glutheißen Feuerofen geworfen wirst, damit er seine Macht zeigen kann. (Die Geschichte von Shadrach, Meshach und Abed Nego).

- Gott könnte es wollen, dass du zu Tode gesteinigt wirst. (Die Geschichte von Stephanus).

- Es könnte Teil von Gottes Plan sein, dass du mit Gewalt von zu Hause weggeführt wirst, eine führende Stellung in einem anderen Land bekommst, aber dann verleumdet und in eine Löwengrube geworfen wirst. (Die Geschichte von Daniel).

- Gott könnte eine Hungersnot über dein Land kommen lassen, damit du in ein anderes Land übersiedelst, um dort von deinem Glauben Zeugnis zu geben. (Abrahams erste Reise nach Ägypten in 1.Mo.12,10).

- Gott könnte wollen, dass du ein Sklave wirst um andere Menschen zu erreichen. (Das junge Mädchen in 2. Könige 5).

- Gott könnte dich prüfen, indem er dir alle deine Güter wegnehmen, deine Kinder umkommen und dich selbst mit schlimmen Schmerzen plagen lässt. (Die Geschichte von Hiob).

- Gott könnte dich im Gefängnis verwenden, indem du deinen Glauben bezeugst. Vielleicht lässt er es zu, dass du mit Stöcken geschlagen und gesteinigt wirst, Schiffbruch erleidest, nackt, frierend und hungrig herumläufst und mehrmals mit einer 39-köpfigen Peitsche geschlagen wirst. (Die Geschichte des Apostel Paulus).

Warum werden uns diese Lektionen normalerweise nicht gelehrt? Offen gesagt, sie verkaufen sich nicht gut. Und wenn sie sich nicht gut verkaufen, dann würde natürlich der Gemeindebesuch zurückgehen. Kommen nur mehr wenige Leute, dann kommen auch nur wenige Spenden herein. Und mit weniger Geld kann man nicht mehr so viele Dinge für's Reich Gottes unternehmen.

Das Fazit des Ganzen ist, dass Katzentheologie unvollständig und manchmal sogar schlichtweg falsch ist. Wenn du ehrlich bist, wirst du feststellen, dass sich Katzentheologie weiter ausbreitet. Sie wuchert in unseren Gemeinden wie eine leise, aber tödliche, Krebsgeschwulst. Ja wenn es den Massen gefällt, dann würden Katzentheologen sogar soweit gehen, ihre Theologie zu ändern. Und dort entsteht die nächste Gefahr, nämlich die der selektiven Theologie.

Selektive Theologie

Indem sie eine bestimmte Theologie wählen, rechtfertigen Katzen bestimmte schwierige Bibelstellen oder Situationen. Sie tun das, wenn sie die Schrift so interpretieren, wie sie es möchten. Denk daran, dass diese Art der Begründung auf der Voraussetzung beruht, dass »es bei allem nur um uns geht«.

Nehmen wir zum Beispiel das Thema Scheidung. Vielleicht hast du schon einmal jemanden gehört, vielleicht eine Mutter, die ihrem Sohn oder ihrer Tochter, der oder die von einer Scheidung bedroht ist, verständnis- und liebevoll rät: »Schau, wenn es einfach zwischen euch nicht klappt und wenn du dadurch tiefe, seelische Schmerzen erleidest, möchte Gott doch trotzdem, dass du glücklich bist. Auch wenn es nicht das Allerbeste ist, solltest du also darauf bestehen und dich scheiden lassen. Bring's einfach zu einem Ende. Gott möchte nicht, dass du dich derart miserabel fühlst.«

Da wird nicht ein einziges Wort darüber gesagt, was Gott möchte oder was ihn verherrlicht. Es geht nur um das private Glück einer Person. Will Gott, dass Menschen glücklich sind? Ja, Gott will uns glücklich sehen, aber er will, dass wir *in* ihm glücklich sind, wenn wir ihm gehorchen. Gott wird Sünde nicht rechtfertigen, nur weil es jemanden glücklich macht. Er ist besorgt um unser Glück *in* ihm, nicht um unser Glück allein.

Auch andere heiße Eisen passen hier herein. Betrachten wir nur einmal das Thema der Homosexualität. Manch einer sagt: »So hat Gott mich einfach gemacht. Und wenn Gott mich so gemacht hat, dann wird es wohl in Ordnung sein. Schließlich habe ich vor, meinem Partner treu zu bleiben. Und wem schade ich schon damit?«

Antworten die auf einer menschenzentrierten Theologie beruhen, sind keine Antworten. Wenn du dich aber auf die Herrlichkeit Gottes konzentrierst, dann wird nicht nur deine Antwort anders ausfallen, du wirst auch völlig andere Fragen stellen. Gott macht klare Aussagen. Er toleriert einen solchen Lebensstil nicht. So funktioniert das nach Gottes Plan nicht, selbst wenn dabei niemandem geschadet wird. Und wenn es Gott nicht gefällt, sollten wir es auch nicht tun. Es geht nicht darum, was wir wollen oder nicht. Wir müssen uns erinnern, alles besteht zu seinem Wohlgefallen, nicht unserem. Wenn es Gott nicht gefällt, tu es nicht, egal wie »politisch korrekt« es aussieht.

Diese Themen erstrecken sich von den kleinen (relativ unbedeutenden)Themen in unserer Theologie bis zu den großen (wichtigen) Themen in unserer Theologie), wie etwa der Vernichtungstheologie. Die Vernichtungstheologie besagt: »Nach einer bestimmten Zeit wird Gott jene, die in der Hölle sind, einfach auslöschen. Er ist ein Gott der Liebe und er will nicht, dass sie lange leiden.« Dahinter steht der Gedanke: »Ich weiß, dass ich gesündigt habe, aber so groß ist meine Sünde auch wieder nicht. Warum sollte jemand wegen einer zeitlich begrenzten Sünde eine ewige Strafe erleiden? Zeitliche Sünden können nicht so wichtig sein, dass sie eine ewige Strafe nach sich ziehen. Wenn ich in die Hölle komme, dann sollte ich nur für eine bestimmte Anzahl von Sünden zur Rechenschaft gezogen werden und dann wird mich Gott wahrscheinlich beseitigen und ich existiere nicht mehr.«

Beachte, dass die Vernichtungstheologie ausschließlich das Schicksal der Menschen zum Thema hat, zur Freude eines Katzentheologen! Manche Katzen sorgen sich in alle Ewigkeit um den Menschen. Sie versuchen eine akzeptable Lösung zu finden, eine, die uns nicht allzu viel Unbehagen bereitet, die aber doch die große Frage beantwortet, was mit den Sündern passiert, die nach dem Tod ewig von Gott getrennt sein werden. Die Vernichtungstheologie ist nicht davon abgeleitet, was Gott in seinem Wort sagt, sondern von der Katzentheologie. Katzen finden eine Lösung die von Gottes Offenbarung abweicht.

Was Katzen aber nicht bemerkt haben, ist, dass es eigentlich nicht um die Anzahl der Sünden geht, die jemand während seines Lebens begangen hat. Es geht um den ewigen Gott, der unendlich herrlich ist und darum, dass seine Herrlichkeit zurückgewiesen wurde. Und da die Herrlichkeit, die die Menschen missachteten, ewig ist, wird auch ihre Strafe ewig sein. Hunde blicken auf den ewigen Gott mit seiner unendlichen Herrlichkeit; Katzen blicken auf den Menschen und auf die Sünden, die er begangen hat.

In der Katzentheologie finden sich aber noch weitere Beispiele, wie man durch eine falsche Logik weit über das Wort Gottes hinaus schießt. Nehmen wir zum Beispiel den Universalismus. Der Universalismus stellt die Frage: »Wie könnte ein liebender Gott jemanden in die Hölle verbannen? Das darf nicht sein, wenn er ein Gott der Liebe ist. Daher wird jeder Mensch irgendwann in den Himmel kommen.« Würde das stimmen, dann wäre Mission nicht mehr wirklich nötig. Die Menschen würden ohnehin in den Himmel kommen. Wenn es nur um den Menschen geht, dann kann Gott doch ganz einfach jeden Menschen in den Himmel lassen! Sicher wird Gott nicht wollen oder es zulassen, dass irgendjemand leiden muss (denk daran: es geht nur um den Menschen!). Katzen übersehen Gottes Sinn für Gerechtigkeit.

Auf Grund ihrer selektiven Theologie beseitigen Katzen alles was den Menschen im weitesten Sinne bedrohen könnte. Sie finden Gründe dagegen und suchen Lösungen, die in der heutigen Gesellschaft richtig (»politisch korrekt«) klingen und die für sie selbst sicher klingen. Sie interpretieren die Schrift nach Belieben und machen Toleranz zu ihrem Auslegungsschlüssel. Hauptsache, jeder ist glücklich. Warum? Weil Katzen denken: »Es dreht sich alles um uns.«

7 Das Leben sollte fair sein

Kinder können unserem Leben enorm viel Sinn verleihen (und auch ein gutes Beispiel für die Einleitung eines Kapitels abgeben). Während ich (Bob) an diesem Buch schreibe, befinde ich mich gerade auf einem Trainingslager für 90 Kinder im Alter zwischen sieben und achtzehn Jahren. Die Kinder und Jugendlichen werden hier zugerüstet, sich am Evangelisationsprogramm der Gemeinde zu beteiligen. Wir nennen uns »die Brückenbauer« und haben die ganze Gemeinde eine Woche lang übernommen. Alle 90 Kinder und viele der Eltern schlafen am Boden, duschen sich in Badeanzügen draußen in eigens dafür installierten Duschen, essen gemeinsam, beten gemeinsam und beten Gott gemeinsam an.

Jeden Tag werden alle 90 in Choreographie unterrichtet, damit sie zu christlichen Songs tanzen lernen. Dann machen sie einen Einsatz und führen das Gelernte auf öffentlichen Plätzen vor. Damit schaffen sie eine Möglichkeit, mit anderen über ihren Glauben zu reden. Zwar halten wir diese Woche bereits seit einigen Jahren regelmäßig ab, aber heuer wurde doch etwas anders. Wir erhielten einen neuen Lehrer für die Choreographie. Für meine eigenen Kinder war es bereits das dritte Mal und sie wussten, was sie erwartet. Im letzten Jahr durften meine beiden Älteren bei bestimmten Songs noch nicht mittanzen, weil sie zu jung dafür waren. Das ganze Jahr lang mussten wir uns anhören: »Aber das ist nicht fair. Wir können das genauso gut.« Und das stimmte wohl auch, aber so waren die Regeln.

Mittlerweile sind sie ein Jahr älter und kamen daher mit einer neuen Perspektive. Dieses Jahr würde alles anders sein, weil sie bei jedem Lied gebraucht werden würden. Aber die Sache hatte einen Haken. James, der Choreograph für dieses Jahr, ist zum ersten Mal bei den Brückenbauern. Er kennt die »Regeln« noch nicht, und das muss er auch nicht. Er hat seine eigenen Regeln. Und seine Regel besagt: »Alle Kinder aller Altersstufen tanzen bei diesen Songs mit.« Jetzt sagen meine Kinder dasselbe wie im letzten Jahr, nur aus anderen Gründen. »He, das ist nicht fair! Wir mussten warten; das sollte für die anderen auch gelten.« Das, was letztes Jahr noch unfair war (weil sie es nicht haben konnten), sollte heuer als Regel gelten (weil sie jetzt mit dabei sind)!

Meine Kinder quälen sich dabei selbst aus einem einfachen Grund: Sie denken, das Leben müsse immer fair sein. Das haben sie aus der Katzentheologie gelernt, die sie überall umgibt. Und das stellt eine weitere große Gefahr dieser Theologie dar. Katzen denken immer, das Leben müsse fair zu ihnen sein. Und wenn das nicht der Fall ist, dann erleben sie ein alltägliches Trauma und schreien es hinaus: »Aber das ist nicht fair, Gott!«

Ist Gott fair?

Um diese schwierige Situation ein bisschen besser zu verstehen und beurteilen zu können, wollen wir uns das Beispiel von drei Menschen aus der Bibel ansehen, denen Gott seine Herrlichkeit auf unterschiedliche Art und Weise offenbarte. 1) Der erste davon ist Jabez, dessen Geschichte uns in 1. Chronik 4,10 berichtet wird (Das mittlerweile weltbekannte Buch mit dem Titel *»Das Gebet des Jabez«* beruht auf dieser Stelle). 2) Die zweite Person ist ein unbekanntes junges Mädchen, das in 2. Könige 5,1–15 erwähnt wird. 3) Der dritte ist Stephanus, mit dem die meisten mehr vertraut sein dürften. Über ihn lesen wir in Apostelgeschichte 6 und 7.

Sehen wir uns die erste unserer drei Fallstudien an. Wir wissen nicht viel über Jabez: Die Bibel erwähnt nur kurz seine Geburt und ein Gebet, das er sprach. In diesem Abschnitt heißt es, dass Jabez im Gebet zu Gott rief: »Dass du mich doch segnen und mein Gebiet erweitern mögest und deine Hand mit mir sei und du das Übel von mir fern hieltest, dass kein Schmerz mich treffe!« (1.Chr.4,10).

Wenn wir dieses Gebet analysieren stellen wir fest, dass es darin um fünf einfache Anliegen geht, ganz ähnlich jenen, wie wir sie oft beten:

- Segne mich.
- Erweitere mein Gebiet.
- Möge deine Hand mit mir sein.
- Halte Übel von mir fern.
- Ich möchte keinen Schmerz erleiden.

Wie reagiert Gott darauf? Nach allem, was wir bisher so gesagt haben, klingt das doch wie ein Musterbeispiel eines Katzengebetes nach dem Motto »Es geht ausschließlich um mich«. Wie also geht Gott mit diesem Mann um? Sagte er: »He Freund, nun mal langsam. Ich habe vor, meinen eigenen Sohn ans Kreuz zu schicken, wo er unglaubliche Schmerzen wird erleiden müssen. Sie werden Nägel durch seine Hände und Füße treiben. Er wird mit Dornen gekrönt werden, geschlagen und ausgepeitscht bis ihm das Blut über den Rücken rinnt und er wird Blut schwitzen. Denk daran: Alle, die Gott gefallen und Gott gefällig leben wollen, werden verfolgt werden. Daran musst du dich gewöhnen, also sei nicht so wehleidig. Lerne es, dein eigenes Kreuz zu tragen!«

Das hätte er sagen können, aber er tat es nicht. Wenn wir weiter lesen, sehen wir, dass Gott sein Anliegen erfüllte. Was machte er? Er erfüllte sein Anliegen? Ja, du liest schon richtig (und wahrscheinlich wusstest du das auch schon, denn die Chancen stehen gut, dass du *»Das Gebet des Jabez«* bereits gelesen hast). Gott sagte im Wesentlichen: »Da hast du es, Volltreffer. Es gehört dir und ich möchte, dass du es behältst!« (Nirgends in diesem Buch haben wir behauptet, dass Gott uns nicht segnen möchte. Wir warnen nur davor, sich auf den Gedanken zu konzentrieren, Gott könnte nur für uns leben und dafür, uns zu segnen, als gäbe es eine höhere Priorität als seine eigene Herrlichkeit sichtbar zu machen.)

Kommen wir also zu unserer zweiten Person. Bei ihr wissen wir den Namen nicht, es muss also reichen, wenn wir sie »junges Mädchen« nennen. Ihre Geschichte findet sich 2. Könige 5. Wenn wir diesen Abschnitt lesen, sollten wir auch über den Textzusammenhang Bescheid wissen. Dieses junge, jüdische Mädchen wurde als Kriegsbeute in ein fremdes Land entführt. Sie wurde zur Sklavin gemacht. Ihre Herrin war die Ehefrau von Naaman, dem stellvertretenden Kommandeur der feindlichen Armee. Dieser Mann, der Hauptverantwortliche für ihr ganzes Leid, steckte sich mit Lepra an. Daraufhin unterhielt sich das Mädchen mit seiner Herrin über ihn.

Um das Dilemma des Mädchens besser zu verstehen, behalte einige der Dinge im Kopf, die sich im Hintergrund abspielten. Nachdem wir selbst eine Geschichte nach der anderen davon gehört haben, was sich während eines der jüngsten Zivilkriege im französisch-sprachigen Westafrika abspielte, sind wir uns fast sicher, dass dem jungen Mädchen mit großer Wahrscheinlichkeit die folgenden Dinge zugestoßen waren. Vor ihren Augen hatten Naaman oder seine Männer wahrscheinlich

- ihre Mutter vergewaltigt
- ihren Vater ermordet
- ihre älteren Brüder ermordet
- sie selbst vergewaltigt und in die Sklaverei verschleppt

Stell dir vor, welches emotionale Gepäck dieses junge Mädchen mit sich herumschleppen musste, gar nicht zu reden von ihren psychischen Störungen. Sie war mehr oder weniger weg vom Fenster. Es wäre also nur logisch, wenn wir von ihr lesen würden, dass sie zu ihrer Herrin sagte: »Das geschieht ihm ganz recht!« Aber obwohl das eine verständliche Reaktion auf eine ganze Reihe unfairer Ereignisse gewesen wäre, waren das nicht ihre Worte. Stattdessen sagte sie: »Könnte mein Herr nur dem Propheten begegnen, der in Samaria wohnt! Der würde ihn von seiner Lepra heilen.« (2.Kön.5,3).

Haben wir richtig gelesen? Dieses Mädchen durchlebte wahrscheinlich all die Herz zerbrechenden und zerstörerischen Ereignisse, die oben aufgeführt sind, und dennoch konnte es vergeben? Ihr Herz schlug scheinbar immer noch für die Verherrlichung Gottes. Genau das zeigt der Text auf. Und was war das Ergebnis ihrer Güte? Du kennst die Geschichte ja. Naaman sucht den Propheten auf und wird geheilt. Daraufhin steht er vor dem Propheten und antwortet ihm: »Jetzt weiß ich, dass es auf der ganzen Welt keinen Gott gibt, außer in Israel.«

Dieser Mann, ein Heide, dem militärischen Rang nach die Nummer zwei in der Armee seines Landes, stellte sich hin und bezeugte den Gott Israels. Naaman, ein heidnischer Führer, anerkannte Gott nur aus dem einen Grund, weil ein junges Mädchen vergeben konnte und ein Herz für die Herrlichkeit Gottes hatte!

Nun, als drittes schauen wir uns das Leben des Stephanus an, soweit wir es in Apostelgeschichte, Kapitel 6 und 7 finden. Wahrscheinlich bist du ja mit der Geschichte von Stephanus vertraut. Die Bibel sagt, dass Stephanus voller Gnade und Kraft war. Sie teilt uns mit, dass er große Wunder und erstaunliche Zeichen unter den Menschen wirkte. Aber der Sanhedrin war ihm feindlich gesinnt und überredete andere, Lügen über ihn zu erzählen. So wurde er ins Gefängnis geworfen und angeklagt.

Als die Menschenmenge sein Zeugnis hörte, hielten sich viele die Ohren zu, schrien aus Leibeskräften, stürmten auf ihn los, zerrten ihn aus der Stadt hinaus und fingen an, ihn zu steinigen. Stephanus wurde zu Tode gesteinigt, obwohl er voll von Gottes Gnade und Kraft war. (Ist es nicht interessant, dass man von der Kraft Gottes erfüllt sein und doch zu Tode gesteinigt werden kann?).

Die falsche Frage

Fassen wir noch einmal alles zusammen. Wir haben uns das Leben von drei Menschen angesehen. Einer von ihnen wurde ohne Einschränkung gesegnet (Jabez), einer erlebte die Hölle auf Erden, um Einfluss auf das Leben eines Heiden zu nehmen (das junge Mädchen), und einer war voller Gnade und Kraft und wurde doch zu Tode gesteinigt (Stephanus). Drei völlig verschiedene Lebensbilder.

Nun, ich möchte dir eine ganz einfache Frage stellen: Zu welchem der drei verhielt sich Gott fair? Zu dem, den er völlig segnete, zu dem, der eine Art Hölle durchleben musste, um einen Heiden erreichen zu können, oder zu dem, der zu Tode gesteinigt wurde? Während die meisten Menschen eine solche Frage zulassen würden, ist es doch die falsche Frage. Das Leben wurde nicht dazu erschaffen, um fair zu sein. Woher haben wir nur diese verrückte Idee?

Das Leben wurde dazu erschaffen, durch eine Anzahl von Ereignissen die Herrlichkeit Gottes zu offenbaren und uns und anderen diese Herrlichkeit zu zeigen. Nur darum geht es im Leben! Paulus schreibt: »Ob wir also trinken oder essen, oder was wir auch tun, wir tun alles zur Ehre Gottes« (1.Kor.10,31). Wenn das aber stimmt, dass unser Zweck darin liegt, zur Ehre Gottes zu leben, dann möchte ich eine weitere Frage aufwerfen: Welches dieser drei Leben ließ die Person selbst und andere Gottes Herrlichkeit erkennen? Das Leben desjenigen, der völlig gesegnet war? Das des jungen Mädchens, das das Leben eines Heiden veränderte? Oder das des Mannes voller Gnade und Kraft von Gott, der zu Tode gesteinigt wurde?

Die Antwort lautet natürlich: »Alle drei verherrlichten Gott.« Einer tat es, indem er Gott bat ihn zu segnen. Gott erhörte ihn. Und Jabez gab Gott dafür die Ehre. Dadurch wurde die Gnade und das Wohlwollen Gottes als Vater sichtbar. Das junge jüdische Mädchen konnte vergeben, obwohl es ein fürchterliches Leben hinter sich hatte. Dadurch demonstrierte sie auf wunderbare Weise, dass Gottes Herrlichkeit in ihr wohnte und Gott verwendete sie, einen heidnischen Mann mit großer Autorität zu beeinflussen und dadurch das Verlangen Gottes zu zeigen, Menschen aus allen Nationen zu erreichen. Der dritte wird selbst heute noch als Musterbeispiel für einen Menschen betrachtet, der einen solchen Wert in Gott fand, dass er bereit war, dafür zu sterben.

Paulus verstand diesen Gedanken. Schau dir noch einmal Römer 11,36 ganz im Detail an. »Denn von ihm und durch ihn und für ihn sind *die meisten* Dinge«. Steht das so da? Nein! Die Bibel sagt nicht »die meisten Dinge«, sie sagt »alle Dinge«. »Denn von ihm und durch ihn und für ihn sind alle Dinge«. Wie viele sind alle? Nun, einfach alle. *Alle* – nicht *einige*, *viele* oder *die Mehrzahl* davon. Nein, *alle*!

Die Bäume weisen dich auf Gott hin, die Himmel verkündigen seine Herrlichkeit, die einzigartige Schöpfung von Millionen von Pflanzen beweist seine Kreativität, die Geburt eines Kindes ist etwas, was wir bestaunen und auch das Brüllen des Löwen deutet auf Gott. Autounfälle sollen dich auf Gott hinweisen, Krebs soll dich auf Gott hinweisen, Herzinfarkte sollen dich auf Gott hinweisen und ein früher Todesfall soll dich auf Gott hinweisen. *Alle* Dinge sollen uns, und andere, auf ihn hinweisen. Nicht die meisten, nicht viele oder sogar die Mehrheit, sondern *alle* Dinge.

R. C. Sproul drückt das in seinem Buch *»Die unsichtbare Hand«* folgendermaßen aus: »Für den gläubigen Christen ist letztlich jede Tragödie ein Segen, sonst wäre Gott ein Lügner«. Das bedeutet, dass alles, nicht nur die guten Dinge, dazu bestimmt sind, uns zu Gott zu bringen. Alles, was dich auf die Knie zwingt, ist ein Segen, weil das Leben dazu gemacht wurde, uns zu einer Vier-Augen-Begegnung mit dem lebendigen Gott zu verhelfen. Und wenn etwas passiert, was dich dazu bringt, auf die Knie zu fallen, dann ist das letztlich ein Segen, weil es dir klar macht, worum es im Leben wirklich geht – ihn kennen zu lernen, ihn anzubeten und ihn zu verherrlichen.

Im Leben eines Hundes kann nichts passieren, was ihn nicht auf Gott hinweisen würde. Im Leben geht es also nur darum, dass wir inmitten von Segnungen, aber auch inmitten enormer Schwierigkeiten, auf die Herrlichkeit Gottes stoßen. Alles eröffnet für uns die Möglichkeit, Gott zu verherrlichen. Aus genau diesem Grund konnte auch Corrie ten Boom im Konzentrationslager in Deutschland immer noch Gott preisen.

Ein Schlüsselvers für Hunde steht in Habakuk 3,17–18:

> »Denn der Feigenbaum blüht nicht,
> und an den Reben ist kein Ertrag.
> Der Ölbaum versagt seine Leistung,
> und die Terrassengärten bringen keine Nahrung hervor.
> Die Schafe sind aus der Hürde verschwunden,
> und kein Rind ist in den Ställen.
> Ich aber, ich will in dem HERRN frohlocken,
> will jubeln über den Gott meines Heils.«

Katzen erkennen stattdessen nur, dass Segnungen von Gott sind. Sie erwarten nur Segnungen, sie erwarten, immer nach oben zu kommen und sie erwarten, immer als Sieger auszusteigen. Wenn schlechte Zeiten auf sie zukommen, dann machen sie »mit zwei Fingern ein Kreuz«, als ob sie einen Vampir verjagen wollten, und sagen »Geh hinter mich, Satan«. Hunde wissen, dass Christus ihnen kein leichtes und bequemes Leben versprochen hat, oder dass ein Christ zu sein ein Spaziergang wäre. Das Leben wurde als eine Aneinanderreihung von Gelegenheiten erschaffen, die Herrlichkeit Gottes auszuleben und auszustrahlen!

8 Siegertheologie

Wenn Gott mit uns ein Ziel verfolgt, kann uns das unser Leben kosten?

Hast du dich jemals damit beschäftigt, was aus den 56 Männern wurde, die die amerikanische Unabhängigkeitserklärung unterzeichneten? Fünf der Unterzeichner wurden von den Briten als Verräter gefangen genommen und gefoltert, bevor sie starben. Bei zwölf von ihnen wurde das Haus geplündert und niedergebrannt. Zwei verloren einen Sohn im Dienste der Revolutionstruppen. Bei zwei weiteren wurde der Sohn gefangen genommen. Neun von ihnen kämpften selbst im Unabhängigkeitskrieg und starben in Folge von Verletzungen, die sie sich im Krieg zugezogen hatten. Sie alle unterzeichneten und verpfändeten damit ihr Leben, ihre Zukunft und ihre Ehre.

Um welche Art Männer handelte es sich? Vierundzwanzig waren Rechtsanwälte und Juristen. Elf waren Kaufleute. Neun waren Farmer und Eigentümer großer Plantagen. Sie alle waren wohlhabend und gebildet und hatten viel zu verlieren. Aber trotzdem unterzeichneten sie die Unabhängigkeitserklärung im vollen Bewusstsein, dass sie den Tod zu erwarten hätten, sollten sie gefasst werden.

Carter Braxton aus Virginia, ein reicher Farmer und Geschäftsmann, musste zusehen, wie seine Schiffe durch die britische Marine vom Meer gefegt wurden. Er verkaufte sein Haus und seine Güter, um seine Schulden zu begleichen, und starb völlig verarmt.

Thomas McKeam wurde von den Briten derart gejagt, dass seine Familie ständig ihren Wohnort wechseln musste. Er diente ohne Bezahlung als Kongressabgeordneter und seine Familie musste sich verstecken. Er wurde enteignet und Armut war sein Lohn. Vandalen und Soldaten plünderten auch das Eigentum von Dillery, Hall, Clymer, Walton, Gwinnett, Heyward, Ruttledge und Middleton.

In der Schlacht von Yorktown stellte Thomas Nelson Jun. fest, dass der britische General Cornwallis sein Haus zum Hauptquartier gemacht hatte. Dennoch drängte er in aller Stille General George Washington, das Feuer darauf zu eröffnen. Sein Haus wurde zerstört und Nelson starb, nachdem er Konkurs anmelden musste.

Auch das Haus und der Besitz von Francis Lewis wurden zerstört. Der Feind warf seine Frau ins Gefängnis und sie starb binnen weniger Monate. John Hart wurde vom Bett seiner Frau vertrieben, während sie im Sterben lag. Ihre dreizehn Kinder mussten um ihr Leben flüchten. Seine Felder und seine Getreidemühle wurden niedergebrannt. Mehr als ein Jahr lebte er in Wäldern und Höhlen und als er heimkam, musste er feststellen, dass seine Frau tot und seine Kinder verschwunden waren. Einige Wochen später starb er an Erschöpfung und zerbrochenem Herzen. Auch Norris und Livingston erging es so ähnlich.

Solche Ereignisse und Opfer begleiteten die amerikanische Revolution. Dabei handelte es sich nicht um wilde, streitlustige Gesellen. Es waren bedächtige Männer, wohlhabend und gebildet.

Diese Männer verließen sich völlig auf den Schutz göttlicher Vorsehung und doch mussten sie leiden und sterben. Hatte sie die göttliche Vorsehung im Stich gelassen? Nein, keineswegs. Gott erreichte alles, was offensichtlich sein Ziel gewesen war. Er ließ ein neues, freies Land entstehen, mit der Absicht, seine Herrlichkeit sichtbar zu machen und zu verbreiten. Es war nicht Gottes Ziel, die Güter, Familien oder den Ruf der betroffenen Menschen zu bewahren. Gott hat natürlich viele weitere Ziele, aber auch die umfassen nicht unbedingt unseren Ruf oder unser Wohlergehen. Das ist zwar möglich, aber es muss nicht sein. Gott lebt zu seiner Ehre und wir sind dazu da, seine Herrlichkeit auszustrahlen.

Kulturelle Scheuklappen

Katzen in der westlichen Welt würden nie in Betracht ziehen, dass Gott von einem Gläubigen verlangen könnte, derart zu leiden. Sie tragen kulturelle Scheuklappen, während sie die Schrift interpretieren. Das heißt, sie legen die Schrift nur im Licht der letzten vierzig bis fünfzig Jahre hier im Westen aus. Machen wir uns kurz bewusst, was in diesen Jahren alles passierte.

Menschen setzten ihren Fuß auf den Mond. Flugzeuge wurden gebaut, die hunderte Menschen binnen 24 Stunden um die ganze Welt tragen können. Die Sowjetunion zerfiel und die unmittelbare Bedrohung durch einen Atomkrieg reduzierte sich. Westeuropa erlebte die längste Friedensperiode seit Menschengedenken. Völker, die sich Jahrhunderte lang bekriegt haben, bilden heute eine politische und wirtschaftliche Einheit und immer mehr europäische Länder sind in dieser Union integriert. Desktop- und Laptop-Computer finden sich bereits überall und Handys werden schon von Schülern benutzt. Trotz verschiedener Klagen war der allgemeine Wohlstand noch nie so hoch. Natürlich gibt es auch Einschnitte (die terroristischen Anschläge vom und nach dem 11. September 2001, der Irakkrieg, die Krisen in der Flugbranche und an den Technologiebörsen), aber im Wesentlichen geht es uns gut.

Was lernen wir, ohne es zu bemerken, aus der Geschichte der letzten fünfzig Jahre? Angesichts des technologischen Fortschritts phantasieren wir über die Zukunft und meinen, alles sei möglich. Vom Niedergang des Kommunismus leiten wir ab, dass wir uns weiter durchsetzen werden. Das deutsche (und europäische) Wirtschaftswunder hat uns gelehrt, das Beste zu erwarten. Ob wir es also mögen oder nicht, werden Katzen daher *immer* auf den Sieger, den Gewinner, den Champion in der Heiligen Schrift schauen.

Und wie der Sieger im Pferderennen, erwarten auch Katzen, selbst zu den Siegern zu gehören. Sie identifizieren sich immer mit der Hauptperson, sie identifizieren sich nie mit den Nebenrollen. Sie wünschen und erwarten sich ein Leben, das sicher, sanft, einfach, bequem und positiv verläuft, in dem sie letztlich als Sieger aussteigen. Sie sind davon überzeugt, dass Gott genau das für jeden von uns möchte.

Hunde betrachten auch Lektionen, bei denen es nicht nur um Sieger geht. Sie identifizieren sich auch mit den Nebenrollen. Was wollen wir damit sagen? Nun, schauen wir uns einmal ein einfaches Beispiel an: Hiob. Die meisten werden die Geschichte von Hiob kennen. Gott erlaubt dem Satan, Hiob alles außer seinem Leben wegzunehmen. Was lernen Katzen daraus? »Es gibt Zeiten, in denen Gott dich prüfen will.« »Wart einmal«, denkst du vielleicht, »ich dachte, Katzen erwarten, dass ihr Leben nur sicher, sanft, einfach, bequem und positiv verläuft und dass sie immer als Sieger aussteigen?«

Genau so erging es Hiob zum Schluss. Hiob verdoppelte seine Besitztümer und erhielt von Gott noch einmal so viele Kinder wie zuvor, was die Anzahl seiner Kinder für die Ewigkeit verdoppelte. Aber das ist eine typische Siegerlektion von und für Katzen. Gibt es für Hunde noch andere Lektionen zu lernen, abgesehen jener vom Sieger Hiob? Natürlich. Hunde fragen sich nämlich: »Warum identifizieren wir uns nie mit den Kindern Hiobs?« »Was«, denkst du wahrscheinlich, wenn du das liest, »mit den Kindern Hiobs identifizieren? Die starben doch alle. Bist du verrückt?«

Aber genau darum geht's. Warum versetzen wir uns immer nur in den, der am Ende überlebt? Warum identifizieren wir uns nur mit den Hauptdarstellern einer Geschichte? Hunde denken: »Hei, das müssen wir nicht. Wir können uns doch auch mit jedem anderen im Text befassen und von ihm etwas fürs Leben lernen.«

Wir müssen ganz deutlich fragen: »Liebte Gott die Kinder Hiobs ebenso wie Hiob selbst?« Die Antwort ist natürlich« ja«. Hatte Gott einen Plan für ihr Leben? Dieser ist vielleicht nicht so deutlich sichtbar, aber wieder lautet die Antwort »ja«. Was war sein Plan? Um das zu beantworten, gehen wir einmal davon aus, dass die Kinder Hiobs in den Himmel kamen (schließlich hatten sie ja auch einen gottesfürchtigen Vater) und dort mit Gott redeten. Ein solches Gespräch könnte vielleicht folgendermaßen abgelaufen sein:

Kinder: Herr, dürfen wir kurz mit Dir reden?

Herr: Natürlich. Das dürft ihr immer!

K: Tja, Herr, wir sind nur irgendwie neugierig – warum starben wir alle zur selben Zeit?

H: Oh, ich liebe euch alle so sehr und ich habe euch einfach erlaubt, früher zu mir nach Hause zu kommen.

K: Herr, aber was genau war der Grund dafür?

H: Ich wollte meine Herrlichkeit zeigen, indem ich euren Vater eine Lektion lehrte.

K: Was! (sie schauen ganz ungläubig). Du hast uns nur deshalb früher nach Hause geholt, um unseren Vater eine Lektion zu lehren?

H: Ja, stimmt genau.

K: »Aber, Gott, meine Brüder und ich hatten gerade ein Geschäft gegründet. Und es lief wirklich gut.«, sagt der eine. Und der Älteste fügt hinzu: »Ja, Herr, und es war geplant, dass ich das Geschäft meines Vater übernehmen sollte.« Eine Tochter bemerkt: »Ja, Herr, und ich hatte mich gerade verlobt. Wir wollten heiraten und Kinder bekommen.« Ihre kleine Schwester ergänzt: »Und, Gott, ich hatte auch gehofft, bald zu heiraten.« Ein weiterer von ihnen sagt: »Ich hatte gehofft, Dir vollzeitig dienen zu können. Ich hatte so wunderbare Pläne.« Und dann stoßen sie alle wie im Chor hervor: »In all dem wolltest Du unseren Vater eine Lektion lehren? Und was ist mit uns?«

H: Es tut mir leid, dass euch das so verwirrt. Ihr müsst verstehen, es geht dabei nicht um euch. Es geht um meinen Plan und darum, meine Herrlichkeit auf Myriaden verschiedene Arten sichtbar zu machen. Und ich habe es euch erlaubt, früher zu sterben, um meine Herrlichkeit in eurem Vater zu offenbaren.

K: Aber, Herr, das erscheint uns einfach nicht fair!

H: Nun, nur um euch das klar zu machen: Meine Schöpfung gründet sich nicht auf Fairness. Sie gründet sich darauf, wie ich meine Herrlichkeit offenbare. Und darin, was ich im Leben eures Vaters bewirkte, zeigte sich meine Herrlichkeit strahlend hell. Aber hier, ich habe auch etwas für jeden von euch.

Da belohnt sie Gott auf eine Art und Weise, die sie sich nie hätten vorstellen können. Sie sind einfach sprachlos, aber schließlich murmeln sie doch einige Worte:

K: Was? Das alles bekommen wir?

H: Ja, so sehr liebe ich euch und ihre habt eure Rolle so gut gespielt, als es darum ging, ein wichtiger Teil der Offenbarung meiner Herrlichkeit zu sein.

K: Aber, Herr, wir verdienen das alles nicht!

H: Ich weiß, aber es hat auch nichts damit zu tun, was ihr verdient. Indem ich euch das alles gebe, erstrahlt und spiegelt sich meine Herrlichkeit weiter an euch. So war es von Anfang an. Manche segne ich durch Dinge, manchen erlaube ich, verfolgt zu werden, manche hole ich früher nach Hause. Was ich tue sieht aus wie ein wunderschön gestaltetes Kirchenfenster, worin meine Herrlichkeit zum Ausdruck kommt.

Weißt du, Katzen beschäftigen sich nur mit den Segnungen Gottes, während sie hier auf der Erde leben. »Wo waren in diesen 70 Jahren meines Lebens die Segnungen Gottes?«, fragen sie. Hunde dagegen erkennen, dass ihr Leben in diesen 70 oder mehr

Jahren in Scherben gelegen haben kann, dass aber in der Ewigkeit die Herrlichkeit Gottes auf wunderbare Weise dadurch zum Ausdruck kommt. Der Apostel Paulus schreibt: »Denn unsere schnell vorübergehende und leichte Bedrängnis bewirkt für uns eine über die Maßen reiche und ewige Herrlichkeit, die jene bei weitem überwiegt.« (2.Kor.4,17).

Uns mit den Kindern Hiobs zu identifizieren, ist ebenso gerechtfertigt wie uns mit Hiob zu identifizieren.

Gibt es auch an anderen Stellen Lektionen, die sich nicht mit den Siegern beschäftigen? Denken wir nur einmal an Davids Sünde der Zählung seiner wehrfähigen Männer in 1. Chronik 21. Satan versuchte David dadurch, heraus finden zu wollen auf wie viele Männer er sich stützen könnte. Das gefiel dem Herrn überhaupt nicht. David beabsichtigte, sich selbst, sein Land und sein Volk in den Mittelpunkt zu stellen und er wollte Gott nicht die Ehre für alle seine Siege geben. (Sogar großartige Menschen wie David können sich manchmal wie Katzen verhalten und einen eifersüchtigen Gott erzürnen.)

Was passierte also? Der Herr tötete 70 000 Männer. Diesmal griff der Herr direkt ein. Er gebrauchte nicht Satan, sondern tat es selbst. In 1. Chronik 21,14 heißt es: »Da gab der HERR die Pest in Israel; und es fielen von Israel 70 000 Mann.«

Was lernen Katzen daraus? »Sei nicht stolz auf Zahlen«. Gemeinden sollen also nicht stolz darauf sein, wie viele Leute ihre Gottesdienste besuchen, wie viele getauft werden oder wie viele Teilnehmer die Sonntagsschule hat. Aber ob du es glaubst oder nicht, das ist nur eine Lektion für Sieger. Denn David ist zum Schluss immer noch am Leben.

Welche Lektion gibt es neben der Siegerlektion noch zu lernen? Ein Hund identifiziert sich auch mit den 70 000 Männern, die sterben mussten, bzw. mit ihren Witwen und Kindern. Welche Lektion kann ein Hund an dieser Stelle lernen? »Mein Leben könnte von Gott als Opfer gefordert werden.« Egal ob der Herr dich dazu beruft, zu einer Volksgruppe zu gehen, die noch nie das Evangelium vernommen hat, oder ob du wegen der Sünde eines anderen stirbst, der Gedanke, dass du wegen der Handlungen eines anderen zum Opfer werden könntest, klingt für einen Hund theologisch sehr vernünftig.

Kannst du dir die Gespräche vorstellen, die die Männer Davids mit Gott geführt haben könnten?

Männer: Herr, warum hast Du uns alle zur selben Zeit abberufen? Wir kämpften nicht einmal im Krieg.

Herr: Wegen der Sünde Davids.

M: Was? David sündigte und wir wurden alle dafür bestraft?

H: Ich sehe es nicht als Strafe, euch in meine Gegenwart zu versetzen. Wenn ihr es dennoch so sehen wollt, bedauere ich das, aber genau so war`s.

M: Oh Herr, es tut uns leid. Du bist so wunderbar, . . . aber warum hast Du nicht *ihn* abberufen?

H: Weil ich noch etwas Wichtigeres mit ihm vorhabe.

M: Aber was ist mit unserem Leben?

H: Ich hatte auch für euer Leben einen Plan.

M: Aha, und was war das?

H: Zu sterben, als David sündigte, und dadurch David einen Anstoß zu geben, Buße zu tun.

M: Aber Herr, das scheint uns einfach nicht fair.

H: Stimmt, aber mein Reich gründet sich nicht auf Fairness.

Hunde lernen von dieser Stelle auch, dass Gott manchmal einen Ehepartner früher sterben lässt, obwohl beide gemeinsam dem König dienen. (Ich möchte betonen, dass es dadurch emotional nicht leichter wird. Aber Gottes Pläne zu verstehen bewirkt, dass wir schneller Frieden und Heilung erfahren.) Kinder können verstehen, dass Gott auch ihre Mamas und Papas früher abberufen könnte, um dem König auf diese Weise zu dienen. Wiederum: das macht es emotional nicht leichter, aber es wird leichter, Gott weiter anzubeten und ihm zu danken, wenn es tatsächlich passiert.

Das Gespräch zwischen einem solcherart Betroffenen und Gott wäre wohl ebenso herausfordernd gewesen:

Ehefrau: Herr, warum hast Du meinen Mann in der Mitte meines Lebens abberufen?

Herr: Weil David sündigte.

E: Aber warum hast Du dann nicht David abberufen?

H: Weil ich noch Größeres mit ihm vorhabe.

E: Aber was ist mit meinem Leben?

H: Auch für dein Leben habe ich einen Plan.

E: Und der wäre?

H: Deine Kinder als Witwe großzuziehen und mir zu vertrauen, dass ich den Vaterlosen ein Vater bin; dich in allen deinen Bedürfnissen auf mich zu verlassen und in Zeiten deines größten Schmerzes zu mir zu kommen, damit ich dich heilen kann. So wird meine Herrlichkeit in deinem Leben hell erstrahlen.

Vertritt man eine Katzentheologie, kann man sich nur schwer vorstellen, dass Gott uns (oder ein geliebtes Familienmitglied) früher abberufen könnte, weil dies zu seiner Verherrlichung beiträgt. Vertritt man eine Hundetheologie, ist das kein Problem.

Willst du noch von anderen Stellen etwas lernen, was sich nicht auf die jeweiligen Sieger beschränkt? Wir wollen hier noch einige Beispiele anführen, beginnend mit 4. Mose 16. Die Israeliten hatten Ägypten verlassen, waren aber noch nicht im Verheißenen Land angekommen. In diesem Kapitel fordern einige der Führer des Volkes die Leitung und die Entscheidungen Moses heraus. Als Antwort sagt Moses im Wesentlichen: »Wenn das, was ich sage, stimmt, dann werden diese Männer hier keines natürlichen Todes sterben. Stimmt es aber nicht, werden sie normal alt werden und einen natürlichen Tod sterben.« (4.Mo.16,29 – 30; eigene Übertragung). Sofort öffnete sich der Erdboden und Korach und seine Männer starben. Aber das ist noch nicht alles. Schauen wir uns noch genauer an, was hier steht:

»Und sie entfernten sich ringsum von der Wohnung Korachs, Datans und Abirams. Und Datan und Abiram traten heraus und standen am Eingang ihrer Zelte mit ihren Frauen und ihren Söhnen und ihren kleinen Kindern.« (4.Mo.16,27). Was? Auch die Frauen und Kinder starben? Genau das sagt der Text. Gott rief sie ebenfalls nach Hause. Stell dir einmal das Gespräch vor, das eines der kleinen Kinder Korachs mit Gott geführt haben könnte:

Kind: Entschuldige, Herr, Darf ich Dir ein paar Fragen stellen?

Gott: Ich antworte gerne auf jede Frage.

K: Herr, sage uns bitte, warum wir alle so jung sterben mussten.

G: Weil dein Vater gegen mich sündigte.

K: Unser Vater hat gesündigt – und wir mussten sterben? Warum wir und auch unsere Mutter? Warum hast Du nicht einfach nur unseren Vater abberufen?

G: Weil für mich die Familie als Ganzes einen hohen Wert besitzt, ebenso wie die Führung des Vaters in der Familie. Außerdem wollte ich für das Volk Israel ein Warnsignal setzen.

K: Du nahmst uns unser Leben als Warnsignal für andere?

G: Stimmt genau.

K: Aber das scheint mir nicht fair.

Klingen diese Wort hart in deinen Ohren: »Gott tötete sie als Warnsignal«? Lies den weiteren Textzusammenhang. Wir haben das nicht nur erfunden. »Und die Erde öffnete ihren Mund und verschlang sie und Korach, als die Rotte starb, indem das Feuer die 250 Männer verzehrte und sie zu einem Zeichen wurden.« (4.Mo. 26,10).

Eine Lektion für Katzen: »Wenn Gott dich erwählt hat, dann wird dich Gott vor denen bewahren, die dich herausfordern.« Aber vielleicht ist das nur die Hälfte der Lektion, die du aus Gottes Sicht lernen solltest. Eine Lektion für Hunde: Hunde lernen auch die Lektion, die Katzen lernen, aber noch etwas mehr: »Es kann sein, dass Frauen und Kinder einen Preis für den Ungehorsam ihrer Männer und Väter zu zahlen haben und Gott gibt der Leitung eines Vaters und Ehemannes einen hohen Wert.«

Das ist eine Zusatzlektion und sie kann von dieser Stelle abgeleitet werden. Wie sehr würde das doch die Art und Weise verändern, wie Frauen für ihre Männer und Bürger eines Landes für ihre Politiker beten! Und es könnte Einfluss darauf haben, wie Kinder auf den Weg ihrer Väter achten. Es ist eine Lektion, die jene leicht verstehen können, die Verfolgung und schwere Zeiten erleben mussten, aber es ist eine Lektion, die die meisten Amerikaner und Westeuropäer nicht sehen, weil sie eine Katzentheologie verfolgen.

Brauchst du noch ein Beispiel? Wie wär's aus dem 2. Buch Moses, mit dem Bericht über die zehn Plagen? Der Erstgeborene jedes Hauses musste sterben. 2. Mose 12,29 erzählt uns die Geschichte: »Und es geschah um Mitternacht, da erschlug der HERR alle Erstgeburt im Land Ägypten vom Erstgeborenen des Pharao, der auf seinem Thron saß, bis zum Erstgeborenen des Gefangenen im Kerker, auch alle Erstgeburt des Viehs.« Wer erschlug sie? Der Herr nahm die Erstgeborenen weg.

Die Katzenlektion daraus: »Über jene, die uns quälen, kommt Gottes Gericht.« Aber wiederum, obwohl das nicht falsch ist, so ist es doch unvollständig.

Die weitere Lektion für Hunde: »Unsere Kinder könnten wegen der Sünde unseres Leiters umkommen.«

Weißt du, wir identifizieren uns immer mit den Hebräern, mit den Erwählten Gottes, aber nie mit jenen, die gerichtet werden. Gott behandelt alle Menschen gleich. Es stimmt, er errettete die Hebräer aus der ägyptischen Sklaverei, aber er rettete genauso die Philister vor Kaftor und die Aramäer vor Kir. Gott liebt alle Völker gleich. (In dem Buch *»Endlich ohne Schleier«* wird das in den Kapiteln vier und fünf ganz klar aufgezeigt.) Und ebenso, wie die Erstgeborenen der Ägypter sterben mussten, so könnte das auch mit unseren Kindern geschehen.

Denke daran, was mit den Kleinen geschah, als Herodes dachte, ein neuer jüdischer König sei geboren worden. Er ließ alle Kinder der Hebräer in dieser Gegend ermorden. Gott erlaubte es, dass die Sündhaftigkeit eines Mannes seinem Volk Schmerzen zufügte. Obwohl Gottes Liebe zu jedem von uns grenzenlos ist, haben wir das Evangelium viel zu »persönlich« verstanden. Es geht dabei aber um die Herrlichkeit Gottes, nicht um uns!

Ein weiteres Beispiel? Denken wir einmal an die Wüstenwanderung der Israeliten. Vierzig Jahre lang mussten sie in der Wüste herumziehen, bis alle jene, die bereits erwachsen gewesen waren, als sie aus Ägypten auszogen, gestorben waren. Der Grund: Weil sie dem Herrn nicht gehorcht hatten.

Eine Katzenlektion: »Gott möchte mich segnen, wenn ich ihm gehorche und vertraue und er wird mich züchtigen, wenn ich es nicht tue.« Und, wie meistens, ist das nicht falsch, aber unvollständig.

Eine zusätzliche Hundelektion: »Die Sünde meines Vaters könnte Konsequenzen für mein Leben haben.«

In unserer Kultur tun wir uns schwer, uns das vorzustellen. Unser Denken geht heutzutage in die entgegengesetzte Richtung. Heute will jeder auf eigenen Beinen stehen und nicht davon betroffen sein, was alle anderen tun. Aber die Wirklichkeit sieht anders aus. Wir stellen uns gerne vor, dass wir Kain zitieren und damit durchkommen könnten (»Soll ich der Hüter meines Bruders sein?«), und bemerken dabei nicht, dass wir es in Wirklichkeit sind!

Andere kulturelle Scheuklappen

Aber nicht nur die westliche Welt hat mit kulturellen Scheuklappen zu kämpfen. Andere Teile der Welt haben wieder ihre eigenen. Schauen wir uns einmal andere kulturelle Scheuklappen an und betrachten wir andere Weltanschauungen als nur die unsrige. Wie wäre es, wenn wir, anstatt auf die letzten 40 Jahre unserer europäischen Geschichte zu blicken, das Leben aus der Sicht der Christen in China betrachten würden? Welche Erfahrungen werden ihre Auslegung der Schrift beeinflussen? Vielleicht Verfolgung, Gefängnis, Verurteilungen, Folter, die ständige Angst davor, ausgeforscht zu werden, die Angst, geschlagen zu werden, usw. Wenn sie ihre Bibel öffnen, haben sie eine völlig unterschiedliche Sichtweise davon, was Gottes Wort sagt. Warum? Ihre Scheuklappen und ihr kulturelles Filter unterscheiden sich ganz wesentlich von unseren.

Für sie ist es bedeutsam, dass Paulus geschlagen und eingekerkert wurde. In der Gefängniszelle zu singen ist für sie wichtig. Sie verstehen, wie es ist, vom Fenster aus in einem Korb hinunter gelassen zu werden, um den Behörden zu entkommen. Sie wissen auch, was es heißt, zuzusehen, wie unschuldige Frauen und Kinder ohne Grund getötet werden. Märtyrer gibt es überall. Sie verstehen die getöteten Kämpfer Davids. Sie verstehen auch die Witwen von Davids Kämpfern. Die Erstgeborenen Ägyptens, die bei der letzten Plage umkamen, bedeuten ihnen etwas. Sie sehen sich ständig mit dem Roten Meer im Rücken und ohne Möglichkeit zu fliehen. Für sie ist das normal.

Schauen wir jetzt einmal nicht auf die Christen der letzten 40 Jahre, schauen wir auf die Christen früherer Zeitperioden. Was könnte diese durch die kulturellen Scheuklappen der damaligen Zeit geprägt haben? Gehen wir einmal zurück zu den ersten 300 Jahren, nachdem Christus auf der Erde gelebt hatte. Wenn wir uns mit jemandem befassen würden, der in den Jahren 120 n. Chr., 160 n. Chr., 79 n. Chr. oder 233 n. Chr. geboren wäre, was wären seine Erfahrungen gewesen?

Wir brauchen nur einen Blick ins »*Buch der Märtyrer*« von Fox werfen, um einige sehr interessante und beunruhigende Ereignisse zu finden, ganz anders als das, was wir von Gott erwarten. Unter der Regierung von Kaiser Nero wurden Christen in die Felle von wilden

Tieren eingenäht und von ausgehungerten Bestien in Stücke gerissen. Andere wurden in mit Wachs getränkte Kleider gesteckt und in den Gärten Neros an Pfähle gebunden, wo sie in Brand gesetzt wurden, um bei seinen Partys als Fackeln zu dienen.

Unter Marcus waren die Grausamkeiten der Verfolgung so unmenschlich, dass viele der Zuschauer vor Schreck erbebten und über den Mut der Leidenden staunten. Die Füße einiger Märtyrer wurden in Pressen zerquetscht, oder wurden gezwungen, über Dornen, Nägel, scharfe Scherben und andere spitze Gegenstände zu gehen. Unter Lucius wurde einer Frau namens Reias kochender Teer über den Kopf geschüttet und dann wurde sie angezündet, ebenso wie ihre Mutter Marcella und ihre Schwester.

Ein Gläubiger namens Julian wurde nur deswegen, weil er Christ war, eingesperrt. Er wurde zusammen mit mehreren Schlangen und Skorpionen in einen Ledersack gesteckt und anschließend ins Meer geworfen. Ein Evangelist namens Lucien wurde an Armen und Beinen gebunden und dann in die Länge gestreckt, bis seine Gelenke sich von einander lösten. Dann wurde er mit einer Peitsche aus Drähten gegeißelt, sein nackter Körper wurde mit kochendem Öl und Teer übergossen und anschließend wurde er an der Seite und an den Achselhöhlen mit Feuer gefoltert. Schließlich wurde er zurück ins Gefängnis gebracht, wo er bald darauf starb.

Das sind einige der Dinge, die unsere Brüder und Schwestern in Christus erleiden mussten. Verfolgung geschah häufig. Es fing damit an, dass der Apostel Paulus, damals noch als Saulus bekannt, der Steinigung von Stephanus zustimmte. Wie also sahen diese frühen Christen das Leben als Christ? Welche Perspektive vom Leben hatten sie? Wahrscheinlich identifizierten sie sich sofort mit den Besiegten, den Verfolgten und den Niedergeschlagenen in der Schrift und sehnten sich nach dem Tag, an dem sie als Sieger hervorgehen würden.

Du und ich, wir werden diese Leute treffen, wenn wir in den Himmel gelangen, ich frage mich aber, ob wir überhaupt in der Lage sein werden, eine Beziehung mit ihnen zu haben. Wenn du eine Katze bist, wirst du das nicht können und die wirst auch nicht verstehen, warum Gott diese Dinge geschehen ließ. Bist du aber ein Hund, wirst du erkennen, dass Gott sie zuließ, um dadurch seine Herrlichkeit sichtbar zu machen, und du wirst sie auch damit vergleichen können, wie Gott seine Herrlichkeit gleichermaßen durch dich erstrahlen ließ. Hunde aller Generationen verstehen einander, weil sie wissen, dass die Herrlichkeit Gottes der gemeinsame Nenner ist, der nicht nur das Wort Gottes zu einer Einheit verbindet, sondern auch verschiedene Zeitalter.

Die USA sind zum Beispiel erst seit rund 200 Jahren eine eigene Nation und dennoch erwarten die Menschen, dass die Art und Weise, wie sie die Dinge heute sehen, jener entspricht, wie man in früheren Zeiten die Dinge sah. Sie, aber auch wir Europäer, wollen heute und bis in alle Ewigkeit siegreich leben. Wenn wir so denken, sind wir sehr egozentrisch. Daher sind in unserer Kultur auch Märtyrer selten geworden. Wir sind nicht bereit, einen Preis dafür zu bezahlen. Wir denken vielleicht, dass wir es sind, aber eigentlich sind es die meisten nicht. Es wurde uns eingetrichtert, dass Unannehmlichkeiten bedeuten, dass Gott uns nicht segnet und sich sein Wille in unserem Leben nicht erfüllt. Daher können wir Märtyrertum auch nicht willkommen heißen. Und doch liegt die Katzentheologie auf diesem Gebiet völlig falsch.

Aber auch in den USA war das nicht immer so. Manche Amerikaner kamen zu dem Schluss, dass es im Leben darum geht, Gottes Herrlichkeit widerzuspiegeln. Sie lebten, um die Herrlichkeit Gottes auszustrahlen und seinen Namen berühmt zu machen. Das ist der Grund, warum die ersten Missionare, die Ende des 17./Anfang des 18. Jahrhunderts ausgeschickt wurden, ihr ganzes Hab und Gut in einem Sarg transportierten. Sie wussten, dass sie nach ihrer Ankunft im fremden Land noch zirka zwei Jahre zu leben hatten.

Zwei Jahre war die durchschnittliche Lebenserwartung, weil es damals die Vorzüge der modernen Medizin noch nicht gab. Sie wussten, sie würden wahrscheinlich an irgendeiner Krankheit sterben und deshalb luden sie ihre Habseligkeiten nicht in Koffer, sondern in einen Sarg. Sie waren sich bewusst, dass ihr Leben der Verherrlichung Gottes diente; es war nicht für sie bestimmt. Sie wussten, es konnte hart werden, Verfolgung konnte ausbrechen, sie konnten vor Gericht gezerrt werden, es würde nicht leicht sein und sehr wahrscheinlich würden sie jung sterben.

Denke an die Familien der Christen während der vielen, schwierigen Zeitperioden der Geschichte. Wenn du die Bibelverse an den Wänden ihrer Wohnungen betrachten könntest, würden es nicht mit Sicherheit ganz andere Verse sein als bei uns? Welche Bibelverse wären wohl an den Wänden jener, die in den ersten 300 Jahren der Christenheit verbrannt, in Felle eingenäht, von wilden Tieren gequält, für Nero als lebende Fackeln angezündet, zerschmettert oder zu Tode gestreckt wurden? Vielleicht wären es Verse wie diese:

> »Und ihr werdet von allen gehasst werden um meines Namens willen. Wer aber ausharrt bis ans Ende, der wird errettet werden.« (Mt.10,22)

> »Alle aber auch, die gottesfürchtig leben wollen in Christus Jesus, werden verfolgt werden.« (2.Tim.3,12)

> »Darin jubelt ihr, die ihr jetzt eine kleine Zeit, wenn es nötig ist, in mancherlei Versuchungen betrübt worden seid, damit die Bewährung eures Glaubens viel kostbarer befunden wird als die des vergänglichen Goldes, das durch Feuer erprobt wird, zu Lob und Herrlichkeit und Ehre in der Offenbarung Jesu Christi.« (1.Pet.1,6–7)

Die Verse an ihren Wänden würden sich mit Themen wie Verfolgung, Ausharren, Hoffnung trotz Verfolgungen und Leid bis in den Tod beschäftigen. Wahrscheinlich erwarteten sie auch, dass das Leben als Christ für immer so aussehen werde! Wahrscheinlich hätten sie sich nie ein Land wie Deutschland oder Österreich vorstellen können, wo es sicher und bequem ist, Christus nachzufolgen.

Beachte den enormen Kontrast zwischen diesen Versen und jenen, mit denen wir bei uns zu Hause so vertraut sind. Unsere Verse handeln von Segnungen, Wohlwollen und Sieg in der Gegenwart. Ihre handelten vom Überleben und von Hoffnung für die Zukunft trotz ihrer gegenwärtigen Bedrängnis. Katzen wollen ein Leben der Sicherheit, Bequemlichkeit und des Sieges. Warum? Weil sie so daran gewöhnt sind, zu den Siegern zu gehören, dass sie automatisch davon ausgehen, sich immer auf der Sonnenseite des Lebens wieder zu finden. Wenn das nicht geschieht, können sie einfach nicht verstehen, was Gott tut. Andere Kulturen und Christen früherer Epochen betrachteten die Bibel mit einem völlig unterschiedlichen Filter.

Ist das Eine richtig und das Andere falsch? Nein. Aber wir müssen uns davor hüten, dass unsere kulturell eingefärbte Katzentheologie das einzige Evangelium für die Menschen aller Zeiten darstellt. Wir müssen ständig bereit sein, von anderen zu lernen und die Welt mit anderen Augen zu sehen. Es gibt Zeiten, in denen Gott unser Land mit Frieden segnet und es gibt Zeiten, in denen Gott uns dadurch segnet, dass er es unseren Feinden erlaubt, uns zu erobern und Gericht an uns zu üben. Es gibt Zeiten, in denen Gläubige zu großen Ehren kommen und es gibt Zeiten, wo manche von ihnen zu Sklaven werden. Nur weil du einen Aspekt von Gottes Segnungen erlebt hast, erlaube es dir nicht zu denken, dass jeder, überall und zu jeder Zeit dieselbe Form von Segnungen empfängt. Denke daran, dass jene gesegnet sind, die Verfolgung erleiden.

Unsere eigenen kulturellen Scheuklappen lassen uns denken: »So sollte das Leben als Christ zu allen Zeiten sein!« Das ist falsch. Gott hat verschiedene Wege, wie er seine Herrlichkeit offenbart und erstrahlen lässt. Bleibe offen für jeden der Wege, den er dafür aussucht.

9 Katzen entwickeln falsche Prioritäten

Die Zeit lief mir davon und ich (Gerald) kam zu spät in die Theologie-Klasse. Ich pustete und schnaubte, während ich mich hinter mein Pult zwängte und nach vorne an die Tafel spähte, um festzustellen, was ich versäumt hatte. Dort an der Tafel stand der Satz: »God is NOWHERE«. Ich dachte, es müsse sich dabei um eine dieser Aussagen liberaler Theologen handeln: »Gott ist nirgends«. Als ich aber auf die Diskussion in der Klasse lauschte, stellte ich mit Erschrecken fest, dass mich meine eigene Einstellung dazu veranlasst hatte, die Botschaft falsch auszulegen. Der Satz bedeutete nicht »Gott ist nirgends«, sondern »Gott ist jetzt hier« (God is now here).

Die eigene Einstellung und frühere Prägungen können dazu führen, dass wir etwas Alltägliches beobachten und daraus eine ganz spezielle, und manchmal falsche, Schlussfolgerung ziehen. Katzentheologie legt in unseren Gedanken ein Fundament, welches unweigerlich zur Folge hat, dass wir falsche Prioritäten setzen.

Typische Gebete

Es war eine typische Sonntagsschul-Klasse wie viele andere. Der Lehrer, ein Laie, begann den Unterricht mit der Frage: »Gibt es irgendwelche Gebetsanliegen?« Es folgte eine ungemütliche Stille. Schließlich brach jemand das Eis und sagte:

»Ja, können wir bitte für meine Tante beten? Sie ist letzte Woche gestürzt und hat sich die Hüfte gebrochen.«

»Okay, wer möchte für die Tante von Alice beten? (Lange Pause). Okay, danke! Noch irgendwelche Anliegen?«

»Ja, John kämpft immer noch gegen seine Leukämie. Wir wollen ihn nicht vergessen.«

»Ja, danke. Wer will für John beten? Herzlichen Dank.«

»Em, ich habe einen Bericht vom Spital gehört und Debbie hat immer noch Krebs. Die Ärzte haben schon alles versucht. Wir können nur mehr auf ein Wunder hoffen.«

»Wer möchte für Debbie beten? Danke! Und vergessen wir nicht, die Familie weiter mit Mittagessen zu versorgen. Wendet euch bitte an Cheryl, wenn ihr euch auf der Liste eintragen möchtet. Noch etwas?«

»Ja, der älteste Sohn von Mike und einige seiner Freunde sind nach dem Fußballspiel noch ein bisschen in der Gegend herum gefahren. Und, ihr wisst ja, wie Jugendliche oft sind, sie benahmen sich ein bisschen verrückt und wurden da in etwas verwickelt. Und jetzt liegt der Sohn im Krankenhaus. Irgendwer hat ihn arg zusammengeschlagen, aber es sieht so aus, als ob er wieder in Ordnung kommen würde. Wir sollten aber doch für ihn beten.«

Eines nach dem anderen wurden die Anliegen vorgebracht. Und zweifellos stellt sich heraus, dass Katzen und Hunde ganz andere Prioritäten haben. Bist du nämlich in deinem Herzen ein Katzenchrist, dann denkst du zuerst an dich selbst, an deine Wünsche und Nöte und an jene Dinge und Menschen, um die du dich sorgst. Und einer jener Bereiche, wo diese Gedanken zuerst zum Ausdruck kommen werden, ist dein Gebetsleben.

Sehen wir uns an, wo die Prioritäten von Katzen wirklich liegen.

Erste Priorität

Für die erste Priorität von Katzen wird in Gemeinden und Sonntagsschulen auf der ganzen Welt laut gebetet. Alle Katzen stimmen darin überein, dass es sich dabei um ihr wichtigstes Gebetsanliegen handelt. Und diese oberste Priorität lautet: Katzen wollen selbst am Leben und bei guter Gesundheit sein und sie wünschen sich das auch für jene, mit denen sie emotional verbunden sind. Das ist so. Überprüfe es ruhig selbst. Achte einmal auf die Gebetsanliegen, die am Sonntag von der Kanzel oder im Austausch weitergegeben werden. Was hörst du da? Normalerweise solche für die Gesundheit von Gemeindegliedern. (Erinnerst du dich noch an die Gebete, die in jener einen Gemeinde nach dem Erdbeben in der Türkei gebetet wurden?)

Das gilt für Anliegen die vom Pastor oder Prediger genannt werden, ebenso wie für die Anliegen der Gemeindeglieder selbst. In fast jeder Gemeinde, die wir besuchen geht es bei den Gebeten um die Gesundheit der Leute in der Gemeinde. Und was wird dadurch nebenbei kommuniziert? Dass unser wichtigstes Anliegen darin besteht, dass die Leute in der Gemeinde am Leben bleiben und gesund sind.

Nathan Lutz ist ein Mann, den ich sehr respektiere. Er lebt in Arizona. Als Debbie und ich dort wohnten war er jahrelang unser Pastor. Ich erinnere mich an ein Gespräch mit ihm, in welchem er zum Ausdruck brachte, wie sehr er mit der Leidenschaft von Katzenchristen fürs Leben zu kämpfen hatte. Er beschrieb ein Gebetstreffen an dem er teilgenommen hatte. Es ging dabei um die Mission. Die Gebete kamen langsam und mühevoll. Es war so, als müsse man den Leuten einen Zahn ziehen, bevor manche von ihnen auch nur für die einfachsten Dinge beteten. Und dann geschah es: Der Schwerpunkt änderte sich.

Irgendjemand brach die Regeln und betete für etwas anderes als für die Mission. In der Gemeinde gab es jemanden der im Krankenhaus lag und dem Tode nahe war. Auf einmal wurde das Gebetstreffen lebendig. Jene, die kaum etwas herausbrachten, als es um die Verbreitung von Gottes Reich in Übersee ging, fanden es nicht schwierig, sich dem Thron des Allmächtigen zu nähern, um ihn darum zu bitten, ihren Freund aus der Gemeinde zu heilen. Wenige Minuten zuvor hatte es noch so ausgesehen, als sei das Gebetsmeeting fast tot, und jetzt sprudelte es vor Leben. Die Gebete kamen laut, übermütig und mit voller Überzeugung.

Was war geschehen? Die Dringlichkeit der Mission (im Leben einer Katze eine eher geringe Dringlichkeit) war der höchsten Dringlichkeit gewichen, die es für eine Katze gibt: dem Leben und der Gesundheit der Leute in der Gemeinde. Erst jetzt hatten sie wirklich etwas, wofür es sich zu beten lohnte.

Das wirklich Traurige an der Nummer 1 – Priorität von Katzen ist aber, dass in den Gebeten für ihr Leben und ihre Gesundheit Gottes Herrlichkeit kaum Erwähnung findet. Sie beten nicht: »Oh Vater, um Deines Namens willen und um Deinen Ruf zu erhöhen, bitte heile diese Person. Oh Vater, mache Deinen Namen groß, indem Du diese Krebserkrankung wegnimmst.« Nein, das Gebet ist ganz auf die Person konzentriert, die geheilt werden soll. Ihrer Theologie entsprechend verlangen sie von Gott Heilung, weil sie denken, dass es hauptsächlich um sie selbst geht.

Ich habe von vielen Menschen gehört, die auf Grund einer Krankheit nur darum ihr Leben verloren, weil sie nicht zum Arzt gehen wollten. Was war ihre Begründung dafür gewesen? Gott würde sie aus Glauben heilen und sie bräuchten keinen Arzt oder sonst irgendeine Hilfe von außen. Sie kamen zu Gott und erwarteten voller Glauben, dass Gott sie heilen würde. Sie beriefen sich auf einen Bibelvers nach dem anderen und setzten ihr ganzes Vertrauen auf Gott.

Was geschah da aber tatsächlich? Sie lebten einfach eine Theologie aus, die behauptet, das Leben von Menschen sei Gottes höchste Priorität. Im Leben gehe es nur um *sie selbst*. Gott würde sie niemals sterben lassen, weil sie für ihn doch das Wichtigste seien. Sie erwarten vom Leben mindestens 70 Jahre oder mehr. Und wenn es nicht so geschieht, dann muss im Glaubensleben des Menschen, der da starb, irgendetwas nicht gestimmt haben. Sie haben durch so viele Jahre hindurch Gottes Wort selektiv gehört und selektiv angewendet, dass die Herrlichkeit Gottes bei ihnen keine Priorität mehr hat. Nehmen wir nur einmal an, dass Gott dadurch mehr verherrlicht wird, wenn er sie früher nach Hause holt, und betrachten wir ihre Reaktion. Ihrer Meinung nach würde Gott das nie tun.

Wenn jemand geheilt wird, dann preisen sie Gott und verherrlichen ihn sehr. Warum? Weil Gott das tat, was von ihm erwartet wurde: er heilte den Menschen. Sie weinen vor Freude: »Oh, wie treu er doch ist!« Aber ohne sich dessen bewusst zu sein, sagen sie damit, dass sich Gott ihnen gegenüber als treu erwies. Er tat, was sie von ihm erwarteten, ganz so, als ob sich Gott zu uns herunter beugen müsse. Gott ist aber in keiner Weise verpflichtet, sich unseren Erwartungen gegenüber treu zu erweisen. Gott muss nur sich selbst treu sein und das ist für Katzen ein Problem.

Nur selten ist die Herrlichkeit Gottes der Mittelpunkt jedes ihrer Lebensbereiche. Wird jemand früh abberufen (und wenn sie es nicht auf dessen Mangel an Glauben zurückführen), dann schütteln sie einfach den Kopf und sagen: »Nun, ich denke, die Herrlichkeit Gottes muss darin irgendwie verborgen sein. Wir können zwar nicht herausfinden wie, aber alle Dinge dienen denen zum Besten, die Gott lieben.«

Eine der ausgewogensten Predigten, die ich zu diesem Thema von der Heilung aus Glauben und der Souveränität Gottes gehört habe, stammt von Paul Goodman aus Virginia. Paul hielt diese Predigt zu einem sehr traurigen Anlass. Steve Watkins, ein lieber Freund von Paul und Hauptdiakon seiner Gemeinde, war an Krebs erkrankt. Und nur selten kümmert sich eine Gemeinde so intensiv um ihre Lieben wie es hier der Fall war. Die Ältesten salbten ihn mit Öl, viele Gemeindemitglieder beteten regelmäßig dafür, und so wurden Steve und seine Familie beständig dadurch ermutigt.

Aber Gott sah, dass es ihm mehr Ehre bringen würde, Steve im jungen Alter von 41 Jahren heim zu holen (er ließ eine hübsche Frau und drei Söhne zurück), als ihn zu heilen. Und weil Steve die Verherrlichung Gottes wichtiger war als sein eigenes Leben, war er in der Lage, dies dankbar anzunehmen. Beim Begräbnis predigte Paul über Steves Kampf, einerseits um seiner selbst und seiner Familie willen am Leben festzuhalten, und andererseits seinem Verlangen, den Herrn auf jene Weise zu verherrlichen, die Gott am besten geeignet erschien.

Hunde wissen, dass hier ein Gleichgewicht erforderlich ist. Wir haben das Recht, Gott um Heilung und Leben zu bitten, aber wir müssen auch bereit sein, dieses Recht hinzugeben, wenn unser himmlischer Vater mehr Ehre empfängt, indem er einen von uns früh abberuft. Es geht um Gottes Herrlichkeit, nicht um unsere Heilung.

Sehr oft ist der Prozess, der bei uns abläuft (Gott zu vertrauen, dass er durch eine solche Entscheidung verherrlicht wird), ebenso ruhmreich wie das Ergebnis (der Tod oder die Heilung selbst). Aber für eine Katze ist die Herrlichkeit Gottes keine ihrer Top-Prioritäten. Sie wird daher ihr Recht zu leben nie aufgeben, bis sie keine Wahl mehr hat. Sie wird nie mit den Worten von Paulus ringen: »Zu leben ist für mich Christus, zu sterben, Gewinn.« (Phil.1,21). Ja. Es ist sogar so, dass Katzen diesen Vers gar nicht wirklich glauben.

Wenn also die erste Priorität einer Katze darin besteht, am Leben zu bleiben und gesund zu sein, was ist dann ihre zweite Priorität?

Zweite Priorität

Wir sind davon überzeugt, dass ihre eigene Sicherheit in ihrer Prioritätenliste an zweiter Stelle steht. Sie sehnen sich nach Sicherheit. Wie wirkt sich das auf ihren Alltag aus?

Ihre Sicherheit liegt darin, geordnete Finanzen zu haben (ein regelmäßiges, monatliches Einkommen, eine gute Pensionsvorsorge), Versicherungen für alle denkbaren Katastrophen und ein schönes Zuhause. Wenn Katzen diese Dinge besitzen, dann sind sie auch bereit darüber nachzudenken, wie sie dem Herrn dienen könnten. Aber wohlgemerkt, erst *nachdem* sie das alles gesichert haben.

Woher wissen wir das? Man kann es leicht herausfinden. Fordere jemanden dazu heraus, nach Übersee zu gehen, um dort dem Herrn zu dienen. Wie wird er reagieren? »Bieten Missionsgesellschaften auch eine Zusatzpension? Ist es dort sicher? Ich könnte nie selbst um Unterstützung werben. Ich kann meine Arbeit nicht einfach aufgeben.« Ihre zweite Priorität ist bedroht und sie kämpfen dafür, sie zu bewahren.

Man braucht auch nur die »Einheimischenflucht« zu betrachten, die in vielen größeren Städten voll im Gange ist. Kirchen und Gemeinden, die früher zu den Säulen der Innenstadt zählten, verlegten ihre Hauptgebäude in die Außenbezirke. Aus welchem Grund? Weil es in der Innenstadt nicht mehr wirklich sicher ist. Daher müssen sie ihren Standort verlegen. Und was vermittelt das auf nonverbaler Ebene? Dass die eigene Sicherheit zu ihren Hauptprioritäten zählt.

Und was ist die dritte Priorität von Katzen?

Dritte Priorität

Sobald Katzen ihr Leben und ihre Gesundheit mit weiteren Dingen abgesichert haben, wünschen sie sich nichts mehr, als dass sie gesegnet werden. Ihr Ziel ist ein sicherer, kuscheliger und bequemer Lebensstil, der Gott die Ehre gibt. (Die Betonung liegt dabei eher auf dem sicheren, kuscheligen und bequemen Teil, als auf dem Teil, wo es um Gottes Ehre geht, aber es wird im selben Satz genannt; deshalb ist es ja so schwierig, zwischen Hunden und Katzen zu unterscheiden.)

Natürlich werden viele dieser Gebete nicht in der Sonntagsschule vorgetragen. Nur selten steht jemand auf und sagt: »Bitte, betet mit mir zusammen, dass Gott mir zwei Freikarten zu jenem Fußballspiel schenkt, wie sie von dieser Kartoffelchips-Marke gerade verlost werden. Gott weiß, dass ich ein wirklicher Fan bin. Könnt ihr also dafür beten, dass diese beiden Karten trotz der vielen Teilnehmer an dieser Verlosung, gerade an mich gehen?« Oder wie wär's mit diesem Gebet: »Könntet ihr bitte gemeinsam mit mir dafür beten, dass ich Gott für mehr Geld vertraue? Wir hätten so gerne dieses Ferienhaus am See. Wir haben's schon fast geschafft, aber ein bisschen fehlt uns noch. Also bitte unterstützt mich im Gebet.«

Nein, solche Gebete äußern wir nicht laut, aber das Konsumverhalten und der Lebensstil von Katzen zeigen, dass sie ihre Prioritäten genau so setzen. Sie suchen das Beste für sich selbst. Man muss nur in der Nähe einer durchschnittlichen, deutschen oder schweizer Kirchengemeinde über den Parkplatz schlendern, um zu sehen, welche Autos die Leute so fahren. Die meisten davon spiegeln wieder, worum es den Leuten hauptsächlich geht, nämlich um Wohlstand und Bequemlichkeit. Nun ist zwar nichts verkehrt an einem bequemen Lebensstil und daran, die Früchte seiner Arbeit zu genießen, außer es nimmt eine höhere Priorität ein als die Herrlichkeit Gottes.

Um diese dritte Priorität bestätigt zu sehen, könnte man sich auch den Freizeitkalender von Katzen ansehen. Was tun sie mit ihrer freien Zeit? Geht sie hauptsächlich für sie selbst auf, für Kegeln, Tennis und für's Einkaufen. Oder holen sie zuerst einen ausländischen Freund ab, um mit ihm zu kegeln, Tennis zu spielen oder ihn zum Einkaufen mitzunehmen und evtl. noch etwas für ihn zu kaufen? Nehmen sie am Gebetsabend teil und helfen in der Jugend mit, oder verbringen sie einen Großteil ihrer freien Zeit nur mit den Dingen, die sie selbst gerne tun?

Vergessen wir auch nicht, auf die Größe unserer Häuser und Wohnungen zu achten. Auch das kann einen Hinweis darauf geben, wo die Prioritäten liegen. Wir erwarten einfach eine bestimmte Größe und genügend Platz, jedes Kind »braucht« sein eigenes Zimmer. Wiederum sind große Wohnungen nicht grundsätzlich verkehrt, aber nur selten lassen wir sie leicht wieder los und sind bereit, sie jederzeit wieder aufzugeben, um unserem himmlischen Vater zu dienen, wenn er uns in die Welt hinaus schickt. Nein. Katzen führen ihr christliches Leben hauptsächlich für sich selbst. Gott ist dabei zu einem wunderbaren (und geistlichen) Mittel geworden, damit eine Katze im Leben ihre Ziel erreicht. Kein Wunder, dass Christus vor Wölfen in Schafspelzen warnte.

Vierte Priorität

Worin besteht denn die vierte Priorität einer Katze? Eine Katze glaubt, dass die örtliche Gemeinde nur dazu da ist, ihre Bedürfnisse zu stillen. Einfach ausgedrückt: die Gemeinde ist für sie da! Katzen wollen, dass sie für die von ihnen empfundenen Nöte von der örtlichen Gemeinde Hilfe bekommen. Sie sind nicht an den Nöten der Gemeinde oder den wirklichen Nöten der Welt interessiert.

Hast du schon einmal miterlebt wie oftmals reagiert wird, wenn ein Pastor im Leben eines Gemeindegliedes Sünde entdeckt und versucht, diese Sünde in biblischer Weise anzusprechen, indem er ihn oder sie damit konfrontiert? Was tun Katzen dann? Meistens schauen sie sich nach einer anderen Gemeinde um. Sie suchen sich eine Gemeinde, die sie zufrieden stellt und in der sie in Ruhe gelassen werden, wo sie die Gottesdienste besuchen und immer noch Spaß an ihrer Sünde haben können. Warum? Der Katzentheologie entsprechend ist die Gemeinde dazu da, uns auf die Schulter zu klopfen, uns zu gefallen, uns Wohlgefühl zu vermitteln und uns nicht zu »verurteilen«.

In der Katzentheologie ist der Zehnte eine Bezahlung für konsumierte Dienstleistungen. Wenn sie die Dienste mögen (z. B. was die Gemeinde für sie und ihre Familie bereit hält), dann werden sie diese Gemeinde besuchen und einen bestimmten Prozentsatz ihres Einkommens der Gemeinde (nicht dem Herrn) zur Verfügung stellen. Für besondere Kollekten und Projekte geben sie nur dann etwas, wenn sie davon profitieren. Wenn sie Kinder haben, werden sie etwas zur Anschaffung von Schaukeln beitragen. Wenn nicht, dann geben sie auch nichts. Ihre Beziehung zur Gemeinde ist auf den eigenen Nutzen ausgerichtet – sie bezahlen für das, was sie bekommen.

Katzen würden es nie in Betracht ziehen, Geld für etwas zu geben, was außerhalb ihrer örtlichen Bedürfnisse liegt, denn dann würde es ihnen ja nicht nützen. Werden die wirklichen Nöte der Welt bloß gelegt, ziehen sich Katzen ruhig und höflich auf ein Schläfchen zurück. Und wenn der Korb für das Missionsopfer herumgereicht wird, brechen sie zwar ihre eigene Regel(nur etwas für die örtlichen Nöte zu spenden), aber nur, um ihr Gewissen zu beruhigen. Will die Gemeinde sie dazu ausbilden, anderen zu dienen, laufen sie davon und beklagen sich. Warum? Weil es ihnen dann zu ungemütlich wird; Katzen lieben es eben nicht, etwas tun zu müssen, was ihnen nicht vertraut ist und wobei sie sich nicht wohl fühlen.

Je nachdem, welcher Kirche oder Glaubensgemeinschaft du angehörst, könnte deine fünfte Priorität als Katze in den Statistiken deiner örtlichen Gemeinde liegen, oder, um es anders auszudrücken, in der »Gesundheit« deiner Gemeinde. Katzengemeinden stellen sich ständig Fragen wie: »Wie viele Teilnehmer hatten wir vergangene Woche in der Sonntagsschule?« »Wie viele Bekehrungen gab es bei uns im letzten Jahr?« »Wie viele Täuflinge gab es bei der letzten Taufe?«.

Um festzustellen, ob das auf deine Gemeinde zutrifft, schaue dir einmal euer wöchentliches Programm oder den Jahresbericht an, um zu sehen, was bei euch vorrangig ist. Geht es dort hauptsächlich um die Herrlichkeit Gottes oder nur um Zahlen? Normalerweise wirst du einen ziemlich guten Eindruck davon bekommen, was deine Gemeinde tatsächlich motiviert. Nun, ist es grundsätzlich falsch, sich Taufen oder Mitgliedszahlen als Ziele zu setzen? Nein, keineswegs. Aber du bist dir wohl selbst bewusst, dass Zahlen zu einem eigenen Götzen werden können.

In der Nähe von Atlanta gibt es eine Satellitensiedlung, in der 75 verschiedene Sprachen gesprochen werden. Was für eine Gelegenheit, dort zu dienen und zuzusehen, wie die Herrlichkeit des Vaters unter den Menschen sichtbar wird! Aber der für Mission zuständige Pastor einer Gemeinde in Atlanta bekannte mir, dass er in seiner Gemeinde über diese Gelegenheit zur Missionierung nicht reden durfte. Warum? Weil diese Einsätze am Sonntagmorgen stattfinden müssten, und wenn das der Fall wäre, würde die Anzahl jener, die in der Gemeinde den Gottesdienst besuchen, zurückgehen. Das wiederum würde heißen, dass die Stellung dieser Gemeinde in ihrer Denomination (Gemeindeverband) nicht mehr so bedeutend wäre.

Das war klassische Katzentheologie. Sie waren mehr um ihre Stellung im Gemeindeverband besorgt als darum, den Verlorenen Gottes Herrlichkeit zu offenbaren. Sie waren nur dann bereit, Menschen ohne Christus zu dienen, so lange das nicht mit ihrer Position in Konflikt geriet.

Irgendwo ganz unten auf der Prioritätenliste von Katzen befindet sich auch die Herrlichkeit Gottes, wo genau wissen nur sie selbst. Aber normalerweise handelt es sich dabei um einen Nebengedanken. Wenn jemand geheilt wurde oder wenn sie sonst irgendwie gesegnet wurden, verherrlichen sie Gott (weil er für sie lebt). Wer würde schließlich nicht einen Gott preisen, der ausschließlich um ihre Gesundheit besorgt ist und Segnungen bereit hält und der eine Welt erschuf, die sich nur um sie dreht?

Wenn aber der Segen nicht kommt, wenn jemand etwa nicht geheilt wird, dann rufen sie aus: »Gott, wo bist du?« Und was sie damit eigentlich sagen ist »Gott, wo warst du, als wir in Nöten waren?« Nur selten erwähnen Katzen die Herrlichkeit Gottes im Gebet oder in einem Gespräch, bevor ihr Gebet beantwortet wurde. Und wenn Gott nicht auf die von ihnen beabsichtige Weise wirkt, wenn ihre Gebete nicht erhört werden, wie sie das gehofft hatten, dann schütteln die meisten von ihnen ihren Kopf und sagen: »Ich begreife es einfach nicht. Ich weiß, dass er treu ist, aber ich begreife es einfach nicht.«

Warum haben sie damit solche Probleme? Weil sie davon ausgehen, dass die Treue Gottes auf sie gerichtet ist, ihre Gesundheit und ihr Leben. Es passt nicht in ihr Konzept, dass Gott treu gegenüber seiner eigenen Herrlichkeit ist. Erst nachdem sie sich eine Zeit lang am Kopf gekratzt haben, beginnen sie langsam, über seine Herrlichkeit nachzudenken und fragen ungläubig: »Wie in aller Welt sollte Gott dadurch verherrlicht werden?« Und selbst nachdem sie diese Frage gestellt haben, finden sie keine gute Antwort darauf. Meistens wird es etwas sicheres und schriftgemäßes sein, wie etwa »Nun, alle Dinge dienen jenen zum Guten, die den Herrn lieben«, oder »Gott wird auf irgendeine Weise durch all das Ehre bekommen«, oder »Wir werden das erst verstehen, wenn wir in den Himmel kommen«.

Noch weit hinter der Herrlichkeit Gottes auf der Prioritätenliste von Katzen steht ihr Anliegen für die Mission. Warum? Weil es persönliches Engagement erfordert und damit zu viele persönliche Opfer. Außerdem verbinden sie damit normalerweise viele Schuldgefühle. Wenn Katzen sich daher gezwungen sehen auf das Thema Mission einzugehen, sagen sie Dinge wie: »Und was ist mit den Nöten der Menschen in unserer eigenen Stadt?« oder »Wirf nicht alle Talente, die dir Gott gegeben hat einfach weg, indem du nach Übersee gehst« oder im günstigsten Fall »Warum sollten wir ihre Kultur zerstören indem wir ihnen eine neue Religion überstülpen?«.

Prioritäten bei Hunden

Hunde ordnen ihre Prioritäten völlig anders. Die erste und wichtigste besteht darin, dass Gott verherrlicht wird. Und es ist nicht nur die oberste Priorität von Hunden, sondern auch ihr tiefstes Verlangen.

Hunde beginnen ihre Gebete mit Worten die im Wesentlichen ausdrücken: »Herr, um Deines großen Namens willen ...«. Sie beten immer wieder darum, dass die Herrlichkeit Gottes durch alle Dinge die passieren, ausstrahlen möge. Bevor die Dinge passieren stellen Hunde auch Fragen wie: »Was wird Gott dadurch bekommen?« oder »Wo ist die Herrlichkeit Gottes in all dem zu finden?«

Werden Hunde mit einer Situation konfrontiert die lebensbedrohlich ist, beten sie sehr mutig und zuversichtlich: »Herr, wenn du dadurch mehr Ehre bekommst, dass du mich heim rufst, dann tu es bitte.« Der Tod ist für sie nichts Bedrohliches. »Herr, wenn es dir mehr Ehre und Ruhm bringt, dass du das Leben meiner Frau weg nimmst und ich unsere Kinder alleine groß ziehen muss, ist das okay. Zeig mir, wie ich dann leben soll.«

Solche Gebete werden nicht voller Freude gesprochen. Aber sie kommen aus einem Herzen mit der tiefen Überzeugung, dass es bei allem um die Herrlichkeit Gottes geht, nicht darum, dass das Leben bequem, einfach und sicher sein sollte. Manchmal wird es Hunden bewusst, dass sie ebenso wie unser Herr, ihre Freude und ihr Vergnügen opfern müssen, damit Gottes Reich gefördert wird. Tief in ihrem Inneren haben Hunde ein Verlangen, Gott zu verherrlichen.

Hunde sind aber keine Masochisten. Sie freuen sich über die Segnungen für die Jabez betete und sie scheuen sich nicht, auch für solche Segnungen zu bitten. Aber im Zentrum steht bei ihnen trotzdem die Herrlichkeit Gottes. Bevor sie für ein großes Haus beten, überlegen Hunde, wie es zur Verherrlichung Gottes verwendet werden könnte. Sie kommen daher vor Gottes Thron und bitten um ein größeres Haus »um seines Namens willen«.

Wenn sie daran denken, ein Zelt, einen Wohnwagen oder ein Time-Sharing (Beteiligung an einem Ferienappartement) zu erwerben, dann sind sie dazu durch den Gedanken motiviert, dass die Tage oder Wochen, die sie dadurch gemeinsam als Familie verbringen können, zu einer stärkeren Verbundenheit in der Familie führen sollen, um den Kindern ein tieferes Bewusstsein ihrer Sicherheit in Gott und in der Familie zu vermitteln. Sie erhöhen daher ihr Budget in der Überzeugung, dass ihre Motivation für den Kauf Gott erfreuen wird.

Geht es um die Erweiterung eines Kirchgebäudes oder Gemeindehauses, denken Hunde erst in zweiter Linie daran, was das für sie und ihre Kinder bedeuten wird. In erster Linie denken sie an neue Besucher, die dadurch beherbergt und ins Reich Gottes begleitet werden können und an die zusätzlichen Gelder, die dadurch für die Mission und für die Ausbreitung des Reiches Gottes aufgebracht werden können.

Beachte aber, dass Hunde diese Dinge schnell wieder aufgeben werden, sobald das Reich Gottes auf irgendeine andere Art und Weise besser gefördert werden kann. Wenn sie sich geführt sehen nach Übersee zu gehen, dann sind sie schnell bereit, dafür sogar ein größeres Haus aufzugeben. Sind sie davon überzeugt, dass ein eigenes Boot, ein Zelt, ein Wohnmobil, ein Auto oder sonst irgendetwas dem Ruf Gottes schadet, dann geben sie es her. Hunde lassen es nicht zu, dass irgendetwas die Herrlichkeit Gottes vermindert, die in ihnen und durch sie scheint.

Und was die Mission betrifft, so ist es Hunden im Gegensatz zu Katzen bewusst, dass die Herrlichkeit Gottes am deutlichsten erstrahlen wird, wenn Menschen aus jeder Sprache, jedem Stamm und jedem Volk Gott anbeten. (Um mehr über dieses Thema zu erfahren, solltest du die Bücher *»Endlich ohne Schleier«* von Bob Sjogren und *»Lass die Völker fröhlich sein«* von John Piper) lesen. Daher ist es die oberste Priorität eines Hundes, dass die Herrlichkeit Gottes zu allen Völkern der Erde getragen wird.

Hunde sind immer für die Möglichkeit offen, Gott selbst in Übersee zu dienen oder andere zu unterstützen, die das tun. Sind sie aber dazu gerufen im eigenen Land zu bleiben, dann vermitteln sie den Kindern ihrer Gemeinde die Schau, dass die anderen Nationen eine hohe Priorität verdienen. Es ist ihr beständiges Gebet, dass der Herr Arbeiter in die Ernte sendet. Sonderopfer für andere Völker werden regelmäßig gegeben. Kurze, missionarische Einsätze werden finanziert. Ein Langzeit-Einsatz in Übersee liegt immer im Bereich des Möglichen. Hunde können es kaum erwarten, sich einmal im Himmel gemeinsam mit Menschen aus allen Nationen um den Thron zu versammeln.

Die Prioritäten von Hunden und Katzen sind sehr verschieden. Das zeigt sich in ihrem Lebensstil, ihrer Motivation und in ihrem Denken. Dies ist der Grund, warum Hunde und Katzen auch ganz unterschiedlich beten.

10 Katzen beten selbstsüchtig

China ist derzeit ein erstaunliches Land, wenn man sich ansieht was Gott dort tut! Jeden Tag werden tausende Menschen dem Reich Gottes hinzugefügt! Das Evangelium explodiert dort regelrecht. Außerdem wird die Gemeinde Jesu auch noch zugerüstet!

In alle Stille gehen bestimmte Gruppen in chinesische Wohnungen und schulen Leiter in den Grundlagen des Wortes Gottes. Diese Leiter sind alle zwischen 16 und 30 Jahren alt. Die besten Evangelisten unter ihnen sind weibliche Singles die tagelang zu Fuß gehen um diese Meetings besuchen zu können. Anschließend wird tagein, tagaus in verschiedenen Städten die Botschaft weiter gesagt. Eine Flucht gelingt oft erst kurz bevor die Geheimpolizei entdeckt, was sie tun.

Aber diese Explosion hat ihren Preis. Männer und Frauen wurden so arg geschlagen, dass ihre Knochen dabei brachen. Pastoren wurden jahrelang ins Gefängnis gesperrt, manche verschwanden einfach und sind wahrscheinlich tot. Andere wurden öffentlich ermordet. Es war alles andere als leicht. Es kostete seinen Preis, dass die Herrlichkeit Gottes offenbar wurde.

Im Rahmen einer internationalen Konferenz für Menschenrechte erließ ein chinesischer Hauskirchenleiter einen mitreißenden Aufruf an alle Christen weltweit, für die chinesische Kirche zu beten. Er war damals der erste Hauskirchenleiter der westliche Gemeinden besuchte. Während seiner leidenschaftlichen Ansprache erwähnte er auch, dass er zwölf Jahre im Gefängnis verbracht hatte und erst wieder in der Lage gewesen sei normal zu gehen, nachdem Gott seine Beine, die durch Folterungen gebrochen waren, durch ein Wunder geheilt hatte.

Und wofür bat er die westliche Welt um Gebetsunterstützung? Sollten wir Gott darum bitten die kommunistische Regierung zu binden, damit diese ihnen Religionsfreiheit gewähren möge oder dass die Misshandlungen aufhören sollten? Betete er selbst für den Sturz der Regierung? Nein! Ganz im Gegensatz dazu wie Katzen normalerweise denken würden, sagte er: »Betet nicht dafür, dass die Verfolgungen aufhören. Betet dafür, dass die Gemeinde Christi angesichts dieser Verfolgungen fest steht.«

Warum sagte er so etwas? Weil er wusste, dass Verfolgungen dazu beitragen können, damit die Gemeinde die Herrlichkeit Gottes auf noch grandiosere Weise widerspiegelt. Das ist ihr Ziel: mehr wie Christus zu werden und nicht einem sicheren, sanften und bequemen Lebensstil zu frönen.

Katzen wollen auch wie Christus werden, aber sie bevorzugen sichere, sanfte und bequeme Methoden bei der Erreichung dieses Ziels. Und aus diesem Grund neigen Katzen auch zu selbstsüchtigen Gebeten. In Jakobus 4,2b–3 heißt es: »Solange ihr nicht Gott bittet, werdet ihr nichts empfangen. Wenn ihr freilich Gott nur darum bittet, eure selbstsüchtigen Wünsche zu erfüllen, wird er euch nichts geben.« (nach Hoffnung Für Alle)

Das ist eine Zusammenfassung des Gebetslebens von Katzen. Katzen konzentrieren sich darauf, was sie bekommen können. Sie verwenden das Gebet, um ihre Anliegen bzw. ihr Reich (einen sicheren, sanften und bequemen Lebensstil) voranzutreiben, nicht für die Anliegen bzw. das Reich Gottes (seine Herrlichkeit allen Menschen in allen Lebensbereichen zu offenbaren). Warum tun sie das? Weil sie zwar wissen, dass Gott sie segnen möchte, sie missverstehen aber, worin dieser Segen besteht. Sie nehmen fälschlicherweise an, dass Segnungen nur in folgende Kategorien fallen: viele Dinge bekommen, die Beseitigung von Schwierigkeiten und alles Übrige, was zu einem sicheren, sanften und bequemen Lebens führt! (Denk daran: Katzen wollen zwar, dass Gott verherrlicht wird, aber es ist nicht ihre oberste Priorität.)

Würden wir das Gebetsleben von Katzen graphisch darstellen wollen, dann würde das in etwa so aussehen:

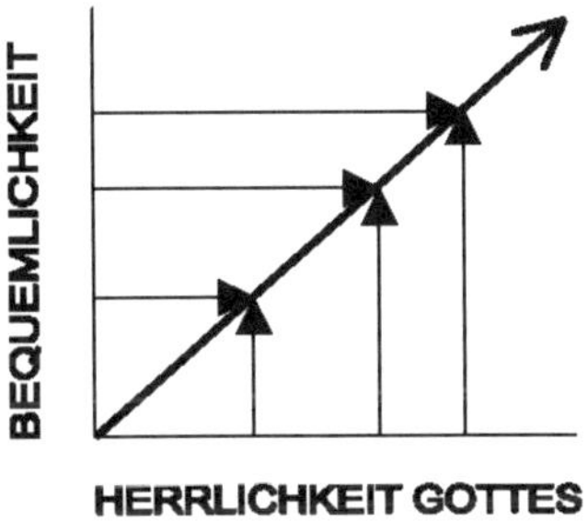

Auf der linken Seite steht die Bequemlichkeit. Je höher die Linie geht, desto bequemer wird das Leben. Von links nach rechts ist die Herrlichkeit Gottes dargestellt. Je weiter nach rechts die Linie geht, desto mehr wird Gott verherrlicht. Dass die Linie genau in der Mitte verläuft symbolisiert eine Beziehung, in der die Herrlichkeit Gottes und die Bequemlichkeit in direktem Verhältnis zueinander stehen. Mit anderen Worten, wenn wir mehr Bequemlichkeit erhalten, verherrlichen wir in gleichem Umfang Gott. Wir nennen das die »Gebetslinie«.

Katzen gehen davon aus, dass das die einzige Art und Weise ist, wie Gott ihre Gebete beantworten möchte. Ihre Gebetslinie verläuft daher linear. Und jedes Gebet, in dem es um die Herrlichkeit Gottes geht, ist damit gleichzeitig ein Gebet um mehr Bequemlichkeit und ein einfacheres Leben. Könnte unsere Gebetslinie aber auch so nach unten verlaufen?

»Nein«, sagen Katzen zu sich selbst. Das könnte nie passieren, denn dann würde ihr Leben ja unbequemer werden und Gott würde das nie für sie wollen. Und sie zitieren die Schrift, um diese Sichtweise zu unterstützen. Denn Jesus starb ja, um uns das Leben in

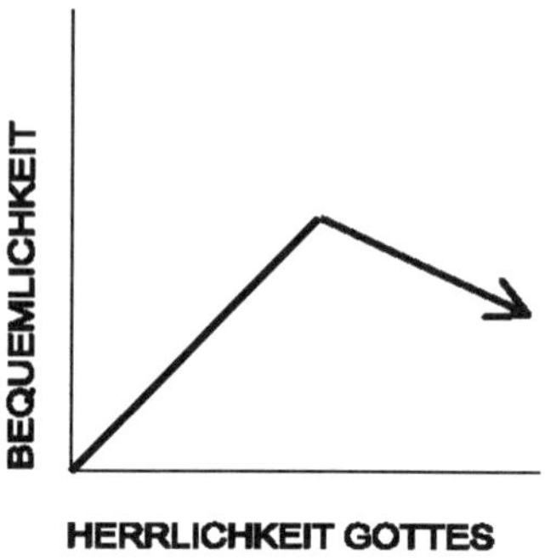

Fülle zu geben (Johannes 10,10). Und durch seine Striemen sind wir geheilt (Jesaja 53,5). Er starb, um uns frei zu machen (Johannes 8,35). Auch Jeremia sagt uns, dass Gott mit uns einen Plan verfolgt der Frieden und Wohlstand beinhaltet und uns keinen Schaden zufügt (Jer.29,11). Und Psalm 91 sagt uns, dass er uns mit seinen Flügeln bedecken und uns beschützen wird. »Diese Verse beziehen sich auf alle Menschen zu allen Zeiten«, sagen sie. Also, nein, die Gebetslinie könnte nie so verlaufen.

»Aber warte einmal«, wenden Hunde ein. »Gott ließ es zu, dass sein eigener Sohn, Jesus, schwer leiden musste.« »Darum geht es ja eben«, rufen Katzen aus. »Sein Sohn musste das erleiden, damit wir das nicht mehr erleiden müssen.« Wir haben das Recht darauf, Gottes Segnungen in unserem Leben zu erwarten. Wir haben das Recht darauf, dass unsere Gebetslinie nach oben zeigt und niemals nach unten geht.

Hunde wissen, dass ein sicheres, sanftes und bequemes Leben zwar auf Gottes Herrlichkeit hinweisen *kann*, dass aber die Herrlichkeit Gottes die höhere Priorität hat gegenüber einem sicheren, sanften und bequemen Leben. Und auch Leiden kann auf dieselbe Herrlichkeit Gottes hinweisen. Wenn Leiden dazu führt, dass Gott mehr verherrlicht wird, dann nehmen wird das Leiden an, damit die Herrlichkeit noch heller leuchten kann!

Sprechen wir einmal über drei gewöhnlich missverstandene Bereiche, wo die Herrlichkeit Gottes hell strahlen kann: körperliche Schmerzen, Disziplinierung und Leid oder Verfolgung.

Körperliche Schmerzen

Johannes beschreibt eine Szene, in der sich die Jünger mit Jesus auf eine theologische Diskussion einließen. Es heißt dort: »Als er weiterging, sah er einen Mann, der von Geburt an blind war. Seine Jünger fragten ihn: ›Rabbi, wer hat gesündigt, dieser Mann oder seine Eltern, sodass er blind geboren wurde?‹« (Joh.9,1–2). Siehst du, die Jünger hatten ein theologisches Problem. Sie glaubten, dass Sünde die direkte Ursache von allem Leid in der Welt sei. Wie aber konnte dann ein Mensch blind geboren werden? Entweder musste er selbst im Bauch seiner Mutter gesündigt haben, oder seine Eltern.

Aber die Antwort Jesu fiel anders aus, weil er die Sache aus einer anderen Blickrichtung sah. Für ihn hingen die Dinge nicht mit Sünde, sondern mit der Herrlichkeit Gottes zusammen. Um das noch tiefer zu verstehen, denk daran, dass Gott jeden von uns bereits im Bauch seiner Mutter gemacht hat. (Ps.139,13–16: »Denn du bildetest mein Innerstes. Du wobst mich in meiner Mutter Leib. Ich preise dich darüber, dass ich auf eine erstaunliche, ausgezeichnete Weise gemacht bin. Wunderbar sind deine Werke, und meine Seele erkennt es sehr wohl. Nicht verborgen war mein Gebein vor dir, als ich gemacht wurde im Verborgenen, gewoben in den Tiefen der Erde. Meine Urform sahen deine Augen. Und in dein Buch waren alle Tage eingeschrieben, die gebildet wurden, als noch keiner von ihnen da war.«)

Dasselbe gilt für den Mann, der blind geboren war. Gott sagte nicht »au weia«, als er blind herauskam. Nein, er erschuf ihn blind. Warum? Damit er seine Herrlichkeit offenbaren konnte. Jesus wusste das und wies sie sofort auf die Herrlichkeit seines Vaters hin. In Vers 3 antwortet er: »Weder dieser hat gesündigt, noch seine Eltern, sondern damit die Werke Gottes an ihm offenbart würden.« (Joh.9,3). Er war blind geboren zur Ehre Gottes.

Stell dir nur einmal die Frage: »Ist Gott fähig, Joni Ericson Tada, die berühmte, querschnittsgelähmte Autorin und Malerin, zu heilen?« Die Antwort ist natürlich ja. Aber Gott erhält viel mehr Ruhm, indem er sie gelähmt sein lässt. Ihre vorübergehende Lähmung wird im Himmel weg sein, aber unser Vater erhält viel mehr Ehre durch ihren derzeitigen Zustand. Ist das fair? Nun, gehen wir zurück zu den Grundlagen dieses Buches. Das Leben ist einfach nicht dazu gemacht, dass sich alles um uns dreht; daher ist die Frage »Ist das uns gegenüber fair?« nicht die richtige Frage. Das Leben ist nicht dazu bestimmt, fair zu sein. Das Leben wurde als eine Anzahl von Gelegenheiten erschaffen, um auf Gottes Herrlichkeit hinzuweisen und sie bekannt zu machen. Und die Erfahrungen, die Joni gemacht hat, strahlen die Herrlichkeit des Vaters auf eine beinahe unglaubliche Weise aus!

Wenn wir daher Schmerzen haben, dann können wir Gott um Heilung bitten, aber wir sollten uns zugleich bewusst machen, falls diese Schmerzen oder diese Schwäche Gott mehr Ehre bringen (entweder in den Augen anderer oder um uns auf die Ewigkeit mit ihm vorzubereiten), dann könnte es sein, dass Gott sich dazu entscheidet, sie in unserem Leben zu belassen. Es ist wichtig, dass wir uns auf die Herrlichkeit konzentrieren, nicht auf die Schmerzen. Das waren die Dinge, mit denen auch Paulus drei Mal zu kämpfen hatte, als er zum Herrn sagte: »Herr, nimm mir bitte diese Schmerzen weg.« Und wie antwortete der Herr? Er sagte: »Meine Gnade genügt dir, denn meine Kraft kommt in Schwachheit zur Vollendung.« (2.Kor.12,8–9). Damit sagte Gott praktisch: »Paulus, ich werde mehr in dir und durch dich verherrlicht, wenn du diese Schmerzen in deinem Leben behältst, als wenn ich sie wegnehmen würde; daher lasse ich sie dir.«

Und dennoch leben so viele Katzen in der Niederlage, wenn sie Schmerzen haben oder sich sonst in einer schlimmen Lage befinden, weil sie nicht realisieren, dass diese ihnen gegeben sind, um noch umfassender auf Gottes Herrlichkeit hinzuweisen und dass sie durch ihr Zweifeln Gott die Ehre rauben.

Disziplin

Sehen wir uns den zweiten Bereich an in dem die Herrlichkeit Gottes üblicherweise nicht gesehen wird und zwar die Disziplin. Die Schrift sagt da ganz klar, dass der Herr jene, die er liebt, züchtigt. (Heb. 12,5 – 6).

Wäre aber Gott nur für uns da und wäre es sein Ziel, unser Leben sicher, sanft und angenehm zu machen dann wäre diese Sache mit der Züchtigung nicht Teil seines Gesamtplans. Sie gehört aber dazu, weil es nicht sein Ziel ist, es für uns möglichst behaglich zu machen. Sein Ziel für uns ist es, seine Herrlichkeit widerzuspiegeln. Und es gibt Zeiten, in denen unsere Disziplinierung das bewirkt. Wiederum geht die Gebetslinie in unserer Graphik nach unten.

Viele Menschen kennen das Bild, in dem Jesus ein Lamm auf den Schultern trägt. Aber wenige kennen die Bedeutung dahinter. Das Bild soll die Geschichte von William Branham »Das Lamm mit dem gebrochenen Bein« illustrieren.

Es gibt eine alte Schäfergeschichte die in Jerusalem und im Heiligen Land erzählt wurde. Darin schulterte ein Schafhirte ein Schaf. Ein anderer Hirte fragte ihn: »Warum schulterst du das Schaf?«

»Weil es ein gebrochenes Bein hat.«

»Wie ist denn das passiert? Stürzte es über eine Klippe?«

»Nein, ich brach sein Bein.«

Der andere Schäfer erwiderte: »Was bist denn du für ein grausamer Schafhirte, dass du deinem Schaf ein Bein brichst!«

»Nein, ich liebe es. Es lief immer wieder von der Herde weg und ich konnte es nicht dazu bringen, mir zu gehorchen. Also brach ich sein Bein, um es von mir abhängig zu machen. Ich trage es, ich füttere es und bleibe immer nahe bei ihm. Durch diesen Vorgang wird das Schaf lernen, sich auf mich zu verlassen, auf mich zu schauen und bei mir zu bleiben.«

Es ist Gottes Verlangen, dass sich seine Herrlichkeit vollkommen in uns widerspiegelt. Manchmal muss er unsere Annehmlichkeiten etwas einschränken (die Gebetslinie geht dann nach unten), damit wir feststellen, dass es um ihn geht. Und das macht uns frei, um seine Herrlichkeit durch unser Leben auszustrahlen!

Welcher liebevolle Vater oder welche Mutter diszipliniert das eigene Kind nicht, wenn es aus der Hand zu gleiten droht? Ebenso diszipliniert Gott ganze Völker, wenn sie von ihm abweichen. All das passiert, damit wir seinen Charakter in unserem Leben und in unserer Kultur besser darstellen. Nachdem er uns gezüchtigt hat, dreht sich unsere Gebetslinie oft wieder nach oben und zeigt damit, dass Gott unser Leben angenehmer macht, wenn er sich mehr verherrlicht! (Aber das ist nicht immer der Fall).

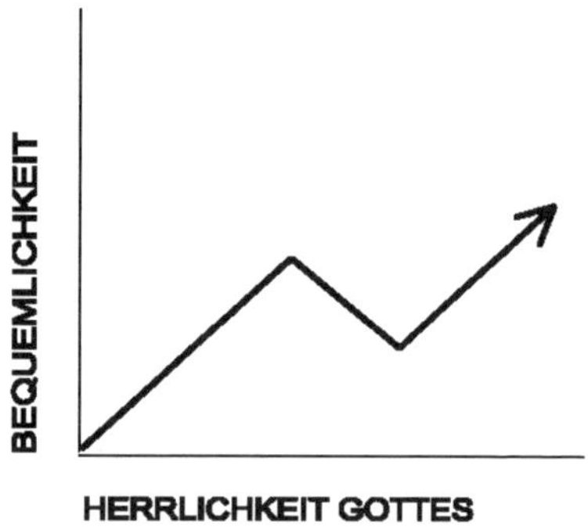

Leid oder Verfolgung

Sehen wir uns noch einen dritten Weg an, auf welchem vielen Christen die Herrlichkeit Gottes entgeht: Leid oder Verfolgung. Als Jesus im Matthäus 5 über die Segnungen lehrte, sagte er etwas, was für die meisten Menschen eigenartig klingt, wenn sie einmal innehalten und darüber nachdenken. Er sagte:

> Glückselig die um der Gerechtigkeit willen Verfolgten, denn ihrer ist das Reich der Himmel. Glückselig seid ihr, wenn sie euch schmähen und verfolgen und alles Böse lügnerisch gegen euch reden werden um meinetwillen. Freut euch und jubelt, denn euer Lohn ist groß in den Himmeln; denn ebenso haben sie die Propheten verfolgt, die vor euch waren. (Mat.5,10–12)

Wir sind gesegnet (glückselig), wenn wir verfolgt werden? Aber Verfolgung macht doch unser Leben unbequemer, es macht es schwieriger. Das ist okay. Jesus sagt trotzdem, dass wir gesegnet sind. Was das nur bedeuten kann ist, dass es eine Art von Segnungen gibt, die Gott für uns möchte, die unsere Gebetslinie wieder nach unten drückt.

In der Siegertheologie betrachten wir unser Erbe und wie wir die Bibel interpretieren ausschließlich im Blickwinkel der letzten vierzig bis sechzig Jahre. Dadurch vergessen wir die früheren Zeiten. Ganz ähnlich vergessen wir auch, was Gott im Leben von Gläubigen früherer Zeiten hat geschehen lassen.

Denke daran, dass Gott im Laufe der Geschichte immer wieder zuließ, dass seinen Kindern tragische Dinge zustießen, um dadurch sein Reich zu erweitern und seine Herrlichkeit zu offenbaren. Wir möchten dir besonders empfehlen, dir ein Exemplar von Fox, *»Buch der Märtyrer«* zu besorgen und zu lesen. Die Lebensbilder der in diesem Buch beschriebenen Märtyrer sehen folgendermaßen aus:

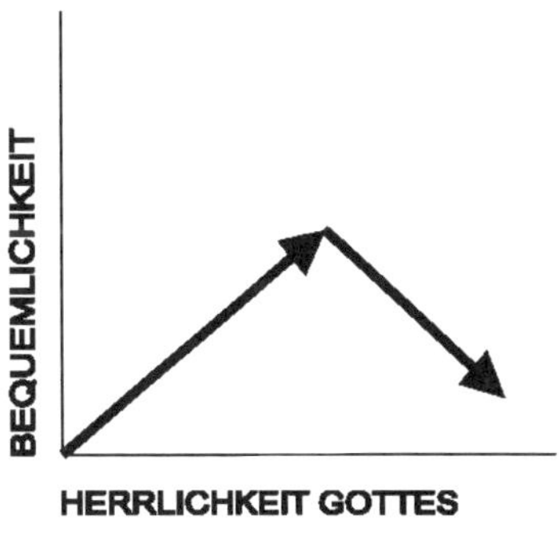

In Zeiten der Verfolgung wird Gott immer enorm verherrlicht. Gott lässt auch die Sünde in der Welt auf diese Weise zu, um seine Herrlichkeit bekannt zu machen. Will Gott etwa, dass Menschen Verfolgung erleiden? Wird es auch im Himmel noch Verfolgung geben? Ein klares Nein auf beide Fragen! Hätten Verfolgungen hier auf der Erde aufhören können? Ja. Aber Gott wusste, dass er dadurch mehr verherrlicht würde, wenn er sie weiter zulassen würde. Gott verwendet sowohl Gutes wie Böses zu seiner Ehre.

> Ja, du lässt meine Leuchte strahlen. Der HERR, mein Gott, *erhellt meine Finsternis*. Ps.18,29)

> Wir sandten Timotheus, unseren Bruder und Mitarbeiter Gottes am Evangelium Christi, um euch im Glauben zu stärken und zu trösten, dass niemand wankend werde in diesen Bedrängnissen. – Denn ihr selbst wisst, dass wir *dazu bestimmt* sind; denn auch als wir bei euch waren, sagten wir euch vorher, dass wir *bedrängt sein würden*,... (1.Thes.3,2–4)

Bedenke aber, dass solche Ereignisse nicht auf die Vergangenheit beschränkt sind, sondern dass sie in anderen Teilen der Welt heute genauso passieren. (Sieh einmal auf einer Webseite nach, wo es um Christenverfolgungen geht, wie z. B. EMP.org). Sobald jedoch Katzen bemerken, dass etwas geschieht, wodurch ihre Gebetslinie nach unten gehen könnte (wie z. B. die eines Märtyrers), versuchen sie, Gott die Dinge auf ihre Art und Weise sehen zu lassen, indem sie sagen: »Schau, Herr, du würdest gleich viel Ehre bekommen, wenn du meine Gebetslinie nach rechts oben verlaufen lassen würdest, anstatt sie nach rechts unten gehen zu lassen!«

Dabei bemerken sie kaum, dass sie in Wirklichkeit selbstsüchtige Gebete sprechen. Tatsächlich sieht ihre Graphik nämlich so aus:

Gott erhält nur wenig oder keine Ehre, sie selbst jedoch bekommen enorm viel Bequemlichkeit und Sicherheit. Und das Traurige daran ist, dass sie dabei immer noch sagen: »Preis den Herrn!« und »Ist Gott nicht wunderbar?«. In Wirklichkeit aber ist Christus schon lange nicht mehr der Herr ihres Lebens, weil ihr erstes Anliegen ihre eigene Sicherheit und Bequemlichkeit ist. Katzen können nach außen hin »Christen« sein (beten, die Gemeinde besuchen, in der Sonntagsschule unterrichten), aber doch weit entfernt von der ganzen Wahrheit sein.

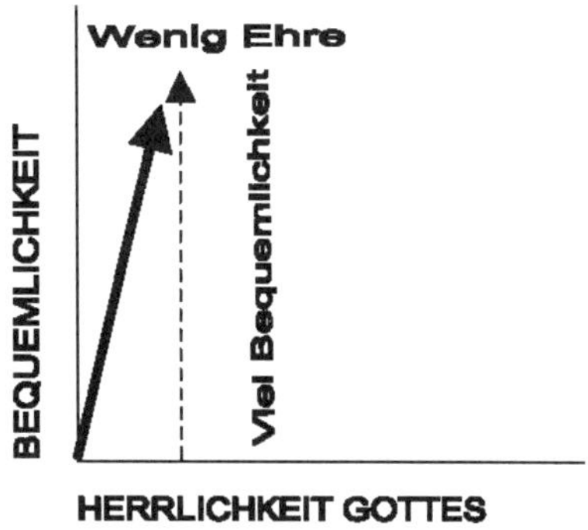

Hunde beten nicht auf diese Weise. Hunde fragen immer: »Was verschafft Gott mehr Ehre?« und ihre Gebete sind darauf gerichtet, die Herrlichkeit Gottes in ihrem Leben zu maximieren. Bedeutet das schwierige Zeiten zu durchleben, dann sind sich Hunde dessen bewusst, dass Gott sie im Leben seiner Kinder oft bewirken wird. Aber versteh' uns nicht falsch: Hunde sind keine Masochisten. Sie sind nicht darauf aus, Märtyrer zu werden. Zugleich aber scheuen sie nicht davor zurück.

Es geht um Gottes Herrlichkeit, nicht um uns.

11 Christlicher Humanismus

Neun Wörter haben mein Leben als Erwachsener buchstäblich verändert. Ich (Bob) kann mich noch ganz deutlich daran erinnern. Ich hörte sie im Restaurant »Zum Schwarzäugigen Pfau« in Mesa, Arizona. Das Lokal lag auf der rechten Seite, wenn man den Highway 60 nach Norden unterwegs war. Wir gingen dort nicht sehr oft hin, aber wir taten es gerne. Die Erinnerung steht mir noch lebendig vor Augen. Debby und ich brauchten einen Abend als Ehepaar, nur für uns alleine. Unsere vier kleinen Kinder waren alle noch unter sechs Jahren alt. Wir hatten einen Babysitter genommen und konnten uns so einen Abend frei nehmen.

Ich hatte keine Ahnung, was auf mich zukommen würde.

Irgendwie fühlte ich, dass etwas nicht stimmte. Und ich dachte, durch das Date würde es wieder in Ordnung kommen. Aber kein Date hätte dieses Problem beseitigen können. Wir fingen an, uns über belanglose Dinge zu unterhalten, aber irgendetwas fehlte. Als wir mit dem Essen halb fertig waren, kamen die Worte wie ein Blitz aus heiterem Himmel. Sie entzündeten ein Warnlicht, das ich nicht ignorieren durfte.

»Liebling«, sagte Debbie, »Ich muss dir etwas sagen«.

»Was ist es?«, fragte ich, in der Hoffnung, es werde etwas sein, was ich schnell würde aus der Welt schaffen können (wie ein Marsmensch!).

Sie zögerte ein wenig und sagte dann: »Es macht keinen Spaß mehr, mit dir zu leben.«

Ich fühlte mich vor den Kopf gestoßen. »Mit mir keinen Spaß?« dachte ich. So etwas wäre mir nie in den Sinn gekommen. Ich war viel zu beschäftigt damit, Mitarbeiter für die islamische Welt zu rekrutieren, als daran zu denken, Spaß zu haben. Da ging es doch um Schicksale für die Ewigkeit, um die ich besorgt war – ich hatte keine Zeit, einfach nur *Spaß* zu haben. Es kam mir überhaupt nicht in den Sinn, dass ich von etwas durchdrungen sein könnte, was man auch als »evangelikalen Humanismus« bezeichnen könnte. Aber bevor wir uns das ansehen, sprechen wir über den Humanismus ganz allgemein.

Humanismus könnte man als System von Gedanken und Handlungen definieren, bei dem es um die Interessen und Ideale von Menschen geht. Mit einfacheren Worten könnte man sagen, dass der Humanismus verkündigt, dass der Grund unserer Existenz das Glück des Menschen ist. Es geht ausschließlich um den Menschen und darum, sicherzustellen, dass wir glücklich sind.

Humanismus besagt, es ist okay, wenn du Drogen nimmst, wenn du dabei nur glücklich bist! Wenn du von einem Bett ins andere hüpfst, dann ist das okay, solange du glücklich bist! Und wenn du bei der Steuererklärung lügst, dann ist das auch okay, solange du glücklich bist! Stelle einfach nur sicher, dass du glücklich bist.

Humanismus hat unsere Kultur derart durchdrungen, dass er heimlich, still und leise sogar das Christentum erobert hat, wodurch zwei Arten des christlichen Humanismus entstanden. Die erste Art des christlichen Humanismus nennen wir den »Liberalen Humanismus«. Die zweite Art ist der »Evangelikale Humanismus«. Betrachten wir zuerst den liberalen Humanismus.

Liberaler Humanismus

Liberale, christliche Humanisten sagen: »Die Hauptbedeutung des Christentums liegt im Glück des Menschen, solange er lebt.«

Liberale Kirchen und Konfessionen haben den christlichen Humanismus in sich aufgesogen. Ein liberaler Humanist würde sagen, dass Christus kam, um uns hier und jetzt glücklich zu machen! Die Güte Gottes konzentriert sich auf den Menschen. Gott erschuf die ganze Welt für uns. Jesus starb um uns ein gutes Leben zu schenken. Engel existieren um den Menschen zu dienen. Ich gehe in die Kirche, weil ich Bedürfnisse habe die dort erfüllt werden können. Gott existiert, um für mich zu sorgen und mich zu segnen! Es geht dabei nur um mich.

Ein perfektes Beispiel davon habe ich bei zwei Freunden meines Sohnes entdeckt, die auch Brüder sind. Es gibt da eine bestimmte TV-Show, die sie sich gerne ansehen. Ihre Mutter (mit der wir ebenfalls eng befreundet sind) achtet aber sehr darauf, wie viel Zeit sie vor dem Bildschirm verbringen und wie viel Zeit sie sich für Gottes Wort nehmen. Sie traf daher mit ihren Söhnen eine Abmachung: Sie könnten eine halbe Stunde lang ihre geliebte TV-Show ansehen, wenn sie sich vorher eine halbe Stunde lang mit Gottes Wort beschäftigt hätten.

Nun, rate, was passierte. Sie fingen an, regelmäßig ihre Bibel zu lesen. Warum? Weil sie sich die TV-Show ansehen wollten. Es ging ihnen um ihre eigenen Wünsche, nicht um die Tatsache, dass es eine wunderbare Sache ist, mit Gott Zeit zu verbringen. Diese Motivation und ein derartiges Denken sind typisch für Katzen. Sie spielen das christliche Spiel mit, damit Gott sie segnen kann! Im Herzen sagen Katzen im Wesentlichen: »Herr, ich wurde Christ, weil ich wollte, dass du mich segnest. Also segne mich, Herr; schütte deinen Segen über mich aus!«

Wenn, wie Katzen meinen, das Ziel Gottes und der gesamten Schöpfung darin liegen würde, uns zu segnen und wenn es unser

Ziel wäre, gesegnet zu werden, wie können wir dann am besten gesegnet werden? Liberale Katzen-Humanisten würden antworten: »Gott möchte uns mit materiellen Dingen und guter Gesundheit segnen.« Viele Katzenchristen sind sich sicher, dass es genau darum im Leben geht. Gott segnete Abraham mir einem langen Leben und mit vielen Gütern. Gott segnete Salomo mit Reichtümern, als er ihn nur um Weisheit bat und er vergönnte ihm außerdem noch ein langes Leben. Es muss also bei Gottes Segen um Güter und um ein langes Leben gehen.

Ich gebe zu, dass nur wenige Katzen-Humanisten das offen eingestehen würden, aber im Alltag scheinen sie es zu glauben und auch so zu leben. Was die »Dinge« oder »Güter« betrifft, so hat Satan die Karte des »Materialismus« an sie ausgeteilt. Ihr Gebetsleben ist ganz darauf ausgerichtet, um Dinge zu beten! Dadurch hat Satan viele getäuscht, damit sie sich auf ein gutes Leben konzentrieren und ein Leben in Heiligkeit vernachlässigen. Er führt sie in die Irre, sodass sie denken, ein gutes Leben sei mit dem christlichen Leben identisch und je leichter, sanfter und bequemer es ist, desto geistlicher müsse es sein. Was das lange Leben betrifft, geht es hier um die »Gesundheitskarte«. Viele Leute glauben, dass in ihrem Leben irgendwo Sünde sein muss, wenn sie nicht das reife Alter von mindestens 70 Jahren erreichen.

Warum freut sich Satan, wenn Christen sich an Gott wenden, damit dieser ihnen gute Dinge und ein langes Leben schenken möge? Weil Gott und seine Herrlichkeit nicht mehr im Mittelpunkt des Interesses stehen. Eine Katze sagt im wesentlichen: »Gib mir, was ich will, dann werde ich dich preisen«. Während dieser Gedanke andeutet, dass Gott verherrlicht werden soll, ist er doch abhängig davon, dass wir das bekommen, was wir uns wünschen. In Wirklichkeit dreht sich das Leben einer Katze nur um sich selbst, nicht um Gott.

Leider passiert das nur allzu oft. Es kommt im »Wohlstands- und Erfolgsevangelium« ebenso zum Ausdruck wie in der Lehre über

Heilung. Und oft werden Christen ermutigt, die eigenen Wünsche einfach zu benennen und in Anspruch zu nehmen (»name it and claim it«). Es wird uns gesagt, dass Gott möchte, dass wir reich sind. Der Schwerpunkt liegt darauf, Gott zu vertrauen, dass er aus seinem Reichtum alle unsere Bedürfnisse stillen wird. Das mag zwar nicht falsch sein, aber es ist in der Betonung mehr als unvollständig. Solche Botschaften sind nicht auf Gott ausgerichtet, sie haben den Menschen im Visier. Ist es falsch, in dieser Welt reich zu sein? Nein. Aber wenn dein Reichtum dich davon abhält, dich auf Gott und seine Herrlichkeit zu konzentrieren, dann sind deine Prioritäten durcheinander geraten und Gott kann sich nicht an dir freuen. Denk daran, er ist ein eifersüchtiger Gott.

Aber das sind nicht die einzigen Dinge auf die Satan unsere Aufmerksamkeit lenkt. Zugleich mit den falschen Prioritäten richtet er das Denken liberaler Humanisten auf das simple Ideal, glücklich zu sein. Der junge Pastor einer mit Schwierigkeiten kämpfenden Gemeinde in Pittsburgh, Pennsylvania, wurde plötzlich damit konfrontiert, dass seine Frau ihn verließ. Er ging zu den Ältesten und fragte sie, was er tun solle. Die Ältesten kamen zusammen und diskutierten darüber. Sie wogen alle Pro und Kontras ab und überlegten, wie sich der Versuch, seine Ehe zu retten, auf ihn auswirken könnte und was das für die Gemeinde bedeuten würde. Sollte er seinen Dienst aufgeben und versuchen, seine Ehe zu retten oder bleiben und sie ziehen lassen? Sie kamen zu dem Schluss, dass es für ihn und für die Gemeinde das Beste sei, sie ziehen zu lassen, damit er in Pittsburgh bleiben könne. Sie dachten überhaupt nicht daran, wie sich das auf Gott und auf sein Ansehen auswirken würde. Ihr kurzsichtiger Ansatz berücksichtigte nur das Glück des Pastors und der Gemeinde.

Zu viele Christen werden von Seelsorgern beraten, von denen es heißt, dass sie »biblischen« Rat weitergeben. Und doch lautet der Rat dann im Wesentlichen: »Gott möchte, dass du glücklich bist und da deine Ehe dich kaputt macht, geh und lasse dich scheiden.« Was vermittelt diese Art von Seelsorge? »Im Leben geht es darum, glücklich zu werden! Und wenn es in deiner Ehe nicht gut läuft, wenn du versucht hast, dich zu versöhnen und es trotzdem nicht besser wird, schau, dass du deine Ehe hinter dir lässt. Lass sie fallen. Du bist als Geschiedene besser dran. Es geht doch schließlich um dich.«

Evangelikaler Liberalismus

Der liberale Zweig des Christentums ist aber nicht der einzige, welcher sich mit dem Humanismus angefreundet hat. Auch das evangelikale Christentum wurde dadurch beeinflusst. Satan hat eine spezielle Spielkarte für Evangelikale, für geisterfüllte Katzen. Er weiß, dass evangelikale Katzen sich möglicherweise nicht in gleicher Weise auf Gesundheit und materielle Güter konzentrieren wie andere. Er richtet ihre Aufmerksamkeit daher auf die Erlösung anderer. »Das stimmt schon«, sagt er, »es geht nicht um Dinge; es geht darum, anderen zu dienen und sich an sie zu verschenken, damit sie auch das ewige Leben erhalten!«

Zwar stimmt es, dass einer der Wege, auf denen Gott seine Herrlichkeit offenbart, darin besteht, dass er uns zu ihnen sendet. Aber oft gelingt es Satan, uns auf diese Sache derart zu konzentrieren, dass die Errettung der Verlorenen für uns wichtiger wird als Gott selbst und seine Verherrlichung. Diese einzigartige Weise um die Herrlichkeit Gottes sichtbar zu machen kann in einem solchen Umfang aus dem Gleichgewicht geraten, dass sie unser ganzes christliches Leben dominiert. Um unsere Aufmerksamkeit ganz zu fesseln erinnert uns Satan dann ständig: »Vergiss nicht die Verlorenen; es geht um die Verlorenen. Sie kommen in die Hölle. Konzentriere dich auf die Verlorenen.«

Während liberale christliche Humanisten sagen: »Beim christlichen Glauben geht es darum, die Menschen glücklich zu machen, während sie am Leben sind«, sagen evangelikale christliche Humanisten: »Das Ziel des christlichen Glaubens ist das Glück der Menschen nach dem Tod.« Mit anderen Worten: »Stelle sicher, dass die Leute nicht in die Hölle kommen!

Hast du den Unterschied gemerkt? Die einen konzentrieren sich auf den Menschen vor seinem Tod, die anderen auf den Menschen nach dem Tod, aber beide konzentrieren sich auf den *Menschen*. Was sollte Satan daran liegen, dass wir so denken? Weil es Gott und seine Herrlichkeit als vorrangiges Zentrum unseres Lebens durch etwas anderes ersetzt! Wir denken nur mehr daran, wie wir sicherstellen können, dass Menschen nach ihrem Tod nicht in die Hölle kommen. Daher tun wir dann alles Menschenmögliche, um die Leute vor der Hölle zu retten. Wir motivieren Geschwister dadurch in die Mission zu gehen, indem wir ihnen mit Kommentaren wie den folgenden Schuldgefühle einjagen: »Am heutigen Tag starben 37 000 Muslims und kamen direkt in die Hölle. Und was hast du unternommen?« Und die ganze Zeit über flüstert uns Satan ein: »Menschen kommen in die Hölle, wenn du dich nicht dazu entschließt, mehr zu tun, mehr zu geben oder hinaus in die Mission zu gehen.«

Vielleicht drehen sich jetzt deine Gedanken im Kreis und du versuchst zu verstehen, was denn falsch daran sein könnte, Menschen vor der Hölle bewahren zu wollen. Vielleicht bist du sogar nahe daran, dieses Buch zu Seite zu legen, aber bleib noch ein wenig dabei, denn die Wahrheit, um die es hier geht, könnte dich von mancher Schuld befreien.

Ist etwas falsch daran, Menschen vor der Hölle zu retten? Natürlich nicht. Wie kann es dann etwas Schlechtes sein? Auf dieselbe Art und Weise, wie alles andere schlecht sein kann. Es kann die Priorität ersetzen, Gottes Herrlichkeit zu sehen, zu erkennen und zu genießen und alles zu seiner Verherrlichung tun zu wollen. Es beraubt die Herrlichkeit Gottes ihrer Vorrangstellung und setzt Menschen an ihre Stelle. Das kann man auf vielen Gebieten des christlichen Lebens beobachten.

Bei einer großen Missionskonferenz in England wurde den Missionaren Zeit gegeben um über ihren Dienst zu berichten. Manche meldeten Siege; andere gaben Gebetsanliegen weiter, in denen es um Sieg ging. Jeder der davon berichtete wie Menschen zum Glauben gekommen waren (oder wie Gemeinden gegründet worden waren), erhielt donnernden Applaus. Was wurde bei dieser Missionskonferenz nonverbal vermittelt? Dass es primär darum geht, dass Menschen Christus kennen lernen und ein bisschen auch darum, dass der Vater gegehrt wird.

Und was war mit jenen Missionaren, die trotz Frustrationen und Müdigkeit eine fremde Sprache erlernt, geduldig Beziehungen gebaut und am Missionsfeld durchgehalten hatten? Und mit jenen, die die Herrlichkeit Gottes durch ihre Geduld und ihr Leiden offenbart hatten und die nur Gebetsanliegen weiter gaben? Nun, die wurden nicht gefeiert. Denn bei dieser Konferenz ging es nicht darum, dass Gottes Herrlichkeit durch ihr Ausharren erstrahlt war, es ging um die verlorene Welt und darum, Menschen in den Himmel zu befördern.

Frontiers, ebenfalls eine Missionsgesellschaft, bemüht sich, dem entgegen zu steuern. Sie beginnen ihren Sendungsauftrag mit den Worten: »Es ist unsere Leidenschaft, den Herrn zu verherrlichen, indem wir Gemeinden gründen, die zu einer wachsenden Bewegung unter allen muslimischen Völkern führen«. Ihr erstes und oberstes Ziel besteht darin, dass Gott verherrlicht wird. Dann erst sprechen sie darüber, wie sie das tun, indem sie Muslime erreichen.

Nachdem die ersten Menschen geschaffen worden waren, beteten Adam und Eva Gott an. Sie lebten in einer intimen Beziehung zum lebendigen Gott. Sie suchten ihn und wollten in der Kühle des Tages mit ihm gemeinsam durch den Garten gehen. Aber nachdem sie in Sünde gefallen waren, waren Adam und Eva von Gott getrennt. Sie hatten nicht mehr das Verlangen mit ihm Gemeinschaft zu haben sondern versteckten sich vor ihm.

Aber der Tod Jesus brachte Erlösung und während die Menschen nicht mehr ohne Hoffnung sterben müssen, müssen wir auch nicht mehr ohne Gemeinschaft mit Gott leben. Das Kreuz ist nicht nur dazu bestimmt uns vor der Hölle zu retten, sondern auch, uns zurück in Gemeinschaft mit Gott zu bringen, um unsere intime Beziehung zu ihm und unsere Anbetung seiner Person wieder herzustellen. Denke daran: Es geht darum, auf den Himmel zuzugehen, nicht vor der Hölle davonzulaufen!

Satan ist es aber gelungen viele Gläubige auf das Ziel festzulegen, Menschen vor der Hölle zu retten. Das ist nicht falsch, aber es ist zu wenig. Evangelikale Katzen können sich so sehr darauf konzentrieren, Menschen vor der Hölle zu retten, dass sie die Wichtigkeit einer erneuerten Beziehung zu Gott, seiner Verehrung und Anbetung, übersehen. Evangelisation und das Erreichen von Nichtchristen wurde zum Selbstzweck, nicht zum Mittel: dem übergeordneten Ziel einer intimen Gemeinschaft mit Gott. Ihr Fokus ist viel mehr, Leute zu retten, als sie zum Thron Gottes zu bringen. Wieder einmal wurden Katzen vom Satan getäuscht.

Beispiele dafür kann man regelmäßig beobachten. Leider geschieht es nicht selten vor, dass Frauen ihre Ehemänner verlassen, während diese ein theologisches Seminar besuchen. Wie kommt es dazu? Der Mann kann so davon erfüllt werden, sich darauf vorzubereiten, Menschen zu dienen, dass er darauf vergisst, Gottes Herrlichkeit in seiner Ehe widerzuspiegeln. Und wenn er endlich fertig ist, um seinen Dienst anzutreten, dann denkt seine Frau vielleicht: »Wenn das die Art ist, wie unser gesamtes Eheleben verlaufen soll, dann ohne mich.«

Man kann das auch am Leben mancher Pastoren sehen. Ihre Kinder rebellieren, ihre Ehe geht zugrunde, ihr Leben ist ein Wrack, aber sie denken, das sei der Preis den sie dafür zahlen müssen, um Menschen für Jesus zu retten. Sie sind darauf ausgerichtet andere zu Christus zu führen, ohne dabei die Herrlichkeit Gottes in ihrem eigenen und im Familienleben widerzuspiegeln, sichtbar zu machen und auszustrahlen. Manchmal sind wir von ihrem Dienst so beeindruckt, dass wir alles andere damit entschuldigen. Wir sehen, wie Leute für Christus gewonnen werden und denken: »Wie kann ich das in Frage stellen?« Der Dienst dieser Menschen wird dann nicht hinterfragt und sie landen Jahre später vor dem Scheidungsrichter. Tatsächlich aber *kannst* und solltest du sie durch Fragen herausfordern, weil es im Leben nicht um Menschen geht. Unser Leben soll Gottes Herrlichkeit in jedem Bereich und gegenüber allen Nationen der Erde offenbaren!

Wird Gott verherrlicht, wenn wir Leute mit dem Evangelium erreichen? Absolut! Aber nicht dann, wenn dadurch ein herrlicher, eifersüchtiger Gott auf seinem Thron ersetzt wird. Zu viele Missionare kehrten schon vom Missionsfeld nach Hause zurück, nachdem sie so sehr damit beschäftigt waren, ihre Zielgruppe für Christus zu gewinnen, dass sie die Furcht Gottes in ihrer Ehe und Elternschaft vergaßen. Und sobald sie zu Hause waren, folgte die Scheidung. Warum? Sie hatten es verabsäumt, die Herrlichkeit Gottes in ihrer Ehe auszuleben. Oder sie hatten es verabsäumt, die Herrlichkeit Gottes als Eltern auszuleben. Sie waren so damit beschäftigt, andere für Christus zu gewinnen, dass sie dabei andere Prioritäten, Verantwortungsbereiche und Verpflichtungen unter den Tisch fallen ließen, die genauso wertvoll und wichtig waren.

Man könnte sagen, bis zu einem gewissen Grad haben Katzen die Menschlichkeit vergöttlicht. Sind wir liberale, christliche Humanisten, dann setzen wir uns selbst mit Gott gemeinsam auf den Thron und stoßen ihn vielleicht sogar hinunter, ohne es zu merken. Warum? Weil da nicht genügend Platz für uns selbst, für ihn und für all die Dinge ist, mit denen er uns segnet.

Sind wir aber evangelikale Humanisten, setzen wir die verlorene Welt auf den Thron. Und weil das so christlich aussieht, so geistlich und so gut und weil es Gott zu gefallen scheint, werden wir darin nur selten in Frage gestellt. Aber die verlorene Welt sollte niemals Gott von seinem Thron verdrängen. Beim christlichen Humanismus gibt es eine liberale und eine evangelikale Version. Wir müssen uns im Leben vor beiden Extremen hüten, denn in beiden wird Gott durch den Menschen ersetzt.

Rettungsmission oder Schatzsuche

Ich (Bob) habe irgendwann herausgefunden, warum ich nur selten gegenüber Amerikanern meinen Glauben bezeuge. (Sobald ich in internationaler Gesellschaft bin, kein Problem, aber Amerikanern?) Ich bemerkte, dass ich einfach keine »Gute Nachricht« hatte, die ich ihnen hätte weitergeben können!

Denk darüber nach. Was hätte ich ihnen sagen sollen? Etwa »He, Frank, willst du Jesus Christus in dein Leben aufnehmen und dadurch die Gewissheit ewiger Erlösung bekommen? Dann darfst du es auch erleben, dass deine Frau dir sagt, es macht keinen Spaß mehr, mit dir zu leben. Auch du kannst deine Kerze an beiden Enden anzünden und versuchen, jeden Menschen zu »retten«. Auch du kannst unter der Last einer islamischen, buddhistischen, hinduistischen und chinesischen Welt leben und dich darüber sorgen, dass sie alle in die Hölle kommen. Nimm das Evangelium an und du bist ein perfekter Kandidat für Burnout und wirst für den Rest deines Lebens unter einer leichten Depression leiden!«

Das wäre keine gute Nachricht für mich selbst oder für irgendjemand sonst. Deshalb hatte sich meine Frau zu mir gesetzt und ein ernstes Gespräch mit mir geführt.

Die Bibel erinnerte mich: »Das Reich der Himmel gleicht einem im Acker verborgenen Schatz, den ein Mensch fand und verbarg; und vor Freude darüber geht er hin und verkauft alles, was er hat, und kauft jenen Acker.« (Matth.13,44). Mir wurde bewusst, dass ich mich den größten Teil meines Lebens als Christ auf einer Rettungsmission befunden hatte, indem ich versuchte, Muslime vor der Hölle zu retten. Ich war nicht auf Schatzsuche gewesen, unterwegs, den wahren und lebendigen Gott zu suchen und mich an ihm zu erfreuen. Zwischen diesen beiden Ausgangspunkten besteht ein riesiger Unterschied. Natürlich hatte ich meine Stille Zeit. Natürlich betete ich den Herrn an. Aber dabei handelte es sich um einen gelegentlichen Blick am Morgen über meine Schulter und den Rest des Tages hatte ich die Hölle vor Augen und versuchte, Menschen zu retten.

Unterstreiche es deutlich. Viele Evangelikale sind auf Rettungsmission, nicht auf Schatzsuche. Das Ziel unseres Dienstes bei »UnveilinGLORY« ist es, Leute davor zu bewahren, dass sie ein derartiges Leben führen. Warum? Weil wir die Gefahr eines Lebens kennen, das sich auf Menschen konzentriert und nicht auf Gott. Wir wollen, dass du dein Leben nicht mehr so führst und ständig mit deiner Rettungsmission beschäftigt bist, um Leute vor der Hölle zu erlösen, während du die Herrlichkeit Gottes auf anderen Gebieten vergisst. Viel mehr soll dein Leben so geschen und verstanden werden können, dass du den wahren Schatz gefunden hast und andere dazu ermutigst, ebenfalls auf Schatzsuche zu gehen. Und jene, die den Schatz finden, werden ganz von selbst wieder andere ermutigen, sich an der Schatzsuche zu beteiligen. Jene aber, die sich nur auf einer Rettungsmission befinden, stehen in der Gefahr, ihre Familie, ihren Dienst und ihr ganzes Leben zu verlieren, während sie versuchen, andere zu retten.

Als Greg Livingstone die Leitung einer Missionsgesellschaft übernahm, entschied er sich, alle Missionare auf ihrem Missionsfeld zu besuchen. Als er ankam, wurde ihm schnell klar, warum Muslime nicht zum Glauben an Christus gekommen waren. Er konnte sich ausmalen, was Muslime dachten: »He, ihr lauft depressiv herum, beladen mit Tonnen von Schuld. Das Leben sieht für euch schrecklich aus. Was auch immer ihr da habt, ich will es nicht.« Manche der Missionare ermutigte er einfach, nach Hause zurückzukehren und sich zuerst einmal »gut hinsichtlich ihres eigenen Lebens« zu fühlen.

Im Gegensatz zum liberalen und evangelikalen Humanismus halten Hunde daran fest, dass das Hauptziel des christlichen Lebens nicht darin liegt, glücklich zu sein (weder vor noch nach dem Tod), sondern Gott zu verherrlichen. Glück ist nicht das Hauptprodukt unseres Lebens als Christ, es ist nur ein Nebenprodukt, wenn wir uns an Gott freuen. Wenn du Freude als Geschenk empfängst während du Gott verherrlichst, dann ist das wunderbar! Aber unsere Freude und unser Glück sind nicht das vorrangige Ziel, sie sind sekundär.

Wir sind auf der Welt, um seine Herrlichkeit auf vielfältige Weise hervorzuheben, auszustrahlen und zu offenbaren. Wenn wir erleben, wie Gottes Herrlichkeit durch uns erstrahlt und wir dabei feststellen, dass es im Leben eigentlich nur darum geht, dann wird es uns fröhlich stimmen, dass wir den eigentlichen Zweck erfüllen zu dem wir geschaffen wurden. Es ist unser Zweck, Gott zu ehren, nicht ihn seiner Ehre zu berauben. Und doch stehen Katzen in extremer Gefahr, genau das zu tun – Gott zu berauben. Darum wird es im nächsten Kapitel gehen.

12 In Schwierigkeiten Gott seiner Ehre berauben

In Sierra Leone zeigten mehrere mutige Gemeindegründungsteams den Jesus-Film in einem Gebiet, wo Bürgerkrieg herrschte. Plötzlich verschlimmerte sich die Lage zusehends und Rebellen nahmen die Gegend ein. Das Filmteam hatte gerade seine Ausrüstung versteckt, als vier Teammitglieder von den Rebellen gefangen genommen und als Sklaven requiriert wurden.

Monatelang waren sie gezwungen, Ausrüstungsgegenstände und Versorgungsgüter der Rebellen von Ort zu Ort zu tragen. Die Schuhe nahm man ihnen ab um sie an der Flucht zu hindern. Auf den langen Strecken erlitten sie an ihren bloßen Füßen tiefe Schnitte. Ernste Infektionen, die sich auf ihre Beine ausweiteten, waren die Folge. Schließlich sprach eines der Teammitglieder einen Soldaten an und sagte ihm, er könne nicht weiter gehen, weil die Schmerzen so schlimm waren. Der Soldat reagierte, indem er ihm das Gewehr an den Kopf setzte und ihn erschoss.

Wie könnte Gott so etwas zu seiner Verherrlichung verwenden? Und setzten die übrigen Teammitglieder ihr Vertrauen immer noch auf Gott, indem sie seine Souveränität anerkannten?

Irgendwann fanden die Rebellen dann die versteckte Filmausrüstung und eine Kopie des Films in ihrer Muttersprache. Sie befahlen den Teamleuten, die Geräte aufzustellen und den Film zu zeigen. Nachdem sie den Jesus-Film gesehen hatten, wurden einige der Soldaten Christen und waren von dem Film so beeindruckt, dass sie ihn ihrem Anführer zeigten. Der wiederum ordnete an, den Film allen Rebellen in der ganzen Gegend zu zeigen! Eine Reihe von ihnen setzte ihr Vertrauen in Christus. Bevor sie schließlich frei gelassen wurden, wurde das »versklavte« Filmteam zu »Seelsorgern« für die Rebellen und begleiteten sie in ihrem neuen Glauben auf den ersten Schritten zur Jüngerschaft.

Doch ganze Zeit hindurch hatte Gott einen Plan. Er wusste genau, was er tat. (Er weiß immer, was er tut.) Und während all der Schwierigkeiten denen wir begegnen, fordert er von uns, unser Vertrauen beständig auf ihn zu setzen, weil es ihn verherrlicht.

Um besser zu verstehen, wie wir in harten Zeiten lernen können, Gott die Ehre zu geben, müssen wir über etwas sprechen, was ich »mögliche Herrlichkeit« genannt habe. Um zu verstehen, was das bedeutet, denken wir einmal an einen 100 €-Schein. Wenn dir jemand einen druckfrischen 100€-Schein anbieten würde, würdest du ihn nehmen? Natürlich würdest du das! (Bitte spiele einfach mit; es macht das Lesen viel einfacher!) Und wenn er ganz zerknüllt wäre und in der Hand zu einer Kugel gepresst, würdest du ihn immer noch wollen? Natürlich, denn er wäre noch immer 100 Euro wert! Und wenn ich den Schein auf den Boden werfen und mehrmals darauf herumtrampeln würde, würdest du ihn nehmen? Wiederum wäre deine Antwort ein klares Ja, denn sein Wert hätte sich nicht verändert!

Was, wenn jemand die 100 Euro missbrauchen und damit jemanden verfluchen oder beschimpfen würde? Würdest du ihn immer noch wollen? Natürlich, sagst du wieder. Aber warum? Warum willst du ihn immer noch haben? Die Antwort ist, weil er noch immer einen Wert von 100 Euro repräsentiert. Was wir auch mit dem Geldschein anstellen, er behält seinen Wert. Du kannst darauf herumtrampeln, ihn zu anderen Zwecken missbrauchen, du kannst ihn anschreien und ihn beschimpfen, aber ganz gleich was du damit anstellst, er verliert seinen Wert nicht.

Dasselbe Prinzip lässt sich auf Gottes Herrlichkeit anwenden. Was auch immer wir mit seiner Herrlichkeit anstellen, ihr Wert bleibt unverändert. Menschen mögen darauf herumtrampeln und sie durch den Dreck ziehen. Sie mögen den Namen des Herrn unnütz verwenden. Aber egal was sie tun, Gottes Herrlichkeit verliert nie ihren Wert. Durch grässliche Lebensumstände mögen wir den Schein seiner Herrlichkeit nicht mehr sehen, aber sie ist noch immer da. Gottes Herrlichkeit verliert nie ihren Wert oder ihre Gegenwart. Wie du an einem wolkigen Tag im Flugzeug beim Start durch die Wolken brichst und feststellst, dass die Sonne noch scheint, so scheint auch Gottes Herrlichkeit, egal wie viele Wolken durch unser Leben ziehen.

Da wir dazu geschaffen wurden, seine Herrlichkeit auszustrahlen und weil sie durch jede noch so schwierige Situation hindurch strahlen kann, sollte das Ziel unseres Lebens darin bestehen, seine Herrlichkeit in jeder Phase und in allen Umständen unseres Lebens zu entdecken, selbst dann, wenn wir von Guerillas als Sklaven genommen werden. Betrachten Katzen schwierige Lebensumstände, dann entschuldigen sie ihre Reaktion darauf mit den Worten: »Wir sind eben nur Menschen!« Das stimmt zwar, aber Gott erschuf uns nicht dazu, nur Menschen zu sein. Er erschuf uns als Menschen, aber dann berief er uns dazu, heilig zu sein. Das ist nicht einfach, aber es ist unsere Berufung.

Wir wollen daher die »mögliche Herrlichkeit« so definieren, dass wir Gott verherrlichen können, indem wir seine vollkommene Souveränität widerspiegeln und ihm in jeder Situation Ehre geben. Sie kann aber auch übersehen und nicht zu Gott zurückgestrahlt werden und geht dann verloren. Seine »mögliche Herrlichkeit »umgibt uns überall wo wir auch sind, was wir auch tun und was auch immer unsere Situation und die äußeren Umstände sind. Gott ist immer da und er ist immer am Werk. Die Schrift erinnert uns: »Denn aus ihm und durch ihn und zu ihm hin sind alle Dinge! Ihm sei die Herrlichkeit in Ewigkeit!« (Röm.11,36).

Wie viele Dinge? Alle Dinge! Darin ist alles enthalten: vom Windelnwechseln fürs Baby bis zur Betrachtung der Wolken, von der Autofahrt zum Besuch eines Fußballspiels oder einer Ballettprobe deines Kindes, vom Riechen an einer Rose bis zur Beobachtung eines Sonnenuntergangs und sogar vom Gefangenwerden als Sklave bis zum Umgang mit einer lebensbedrohlichen Krankheit. Immer können wir auf seine Herrlichkeit sehen wie sie wirklich ist, sie auf Gott zurückstrahlen und sagen: »Gott, du bist einfach unglaublich und wunderbar!«, oder wir versuchen, unter den Umständen irgendwie durchzuhalten, ohne zu bemerken, dass seine Hand in unserem Leben am Werk ist und ohne Gottes Herrlichkeit auf ihn zurückzustrahlen. In genau derselben Situation können wir die Herrlichkeit Gottes nicht bemerken und ihm dafür nicht die Anerkennung zollen, die er verdient. Vielleicht entgehen seine Aktivität und seine Souveränität unserer Aufmerksamkeit während wir damit beschäftigt sind, wie wir unseren Schwierigkeiten entfliehen können. Die potentielle Gelegenheit, Gott zu ehren, verflüchtigt sich vor unseren Augen. Unsere Bezeichnung dafür ist »Gott seiner möglichen Herrlichkeit zu berauben«.

Mögliche Herrlichkeit geht am häufigsten in schwierigen Phasen unseres Lebens verloren – dann, wenn wir nicht den sicheren, sanften und bequemen Lebensstil führen können mit dem wir gerechnet haben. Diese Ereignisse würden die Gelegenheit bieten, Gottes Herrlichkeit auszustrahlen, aber wir versäumen sie. Warum? Weil wir einfach nicht gelernt haben, dass Gott Herr über die »Flipper-Spielchen« Satans ist.

»Flipper-Spielchen« Satans? Was meinen wir damit? Vielleicht erinnerst du dich noch an die alten Flipper-Automaten mit den Stahlkugeln, die auf der Spielfläche herumschossen. Die rollende Kugel stößt dann immer gegen irgendwelche elektronischen Puffer, die dazu führen, dass die Kugel außer Kontrolle gerät und in eine andere Richtung davon schießt, bis sie wieder an einen Puffer stößt, wodurch sich das Ganze wiederholt. Die Kugel wird abgestoßen und abgeschossen, als ob sie völlig außer Kontrolle wäre. Genau so sind manchmal die Situationen unseres Lebens. Das Leben läuft dahin, bis irgend etwas passiert, was ihm eine völlig neue Richtung gibt. Es geschieht etwas anderes und gibt uns den Eindruck, als hätte Gott in seinem Wollen und Tun unser Leben nicht mehr unter Kontrolle.

Genau das passierte im Leben der Mitglieder des Jesus-Filmteams. Alles sah so aus, als würde das Schlimmstmögliche passieren, bis Gott die Situation zu seiner Verherrlichung umkehrte. Ja, die Menschen litten währenddessen, aber das war ein geringer Preis dafür, dass Gott seine Herrlichkeit auf eine so unglaubliche Weise offenbaren konnte. Und natürlich ist all unser Leiden in keiner Weise aufzuwiegen gegen die Belohnungen, die Gott für uns bereit hat (Römer 8,18). Gott kann unsere Schwierigkeiten immer zu seiner Ehre verwenden und das passiert ständig.

Vor nicht allzu langer Zeit gab es den Amoklauf zweier Schüler an der Columbine High School, in dessen Verlauf ein Lehrer und mehrere Schüler erschossen wurden. Verursachte Gott das? Nein. War darin » mögliche Herrlichkeit« zu finden? Ja. Und Gottes Herrlichkeit war nicht nur da, Gott verwendete die Situation auch, um sie zu offenbaren! Nachdem diese Schüler wild um sich geschossen und Menschen getöteten hatten, fragten Katzen sich: »Wo warst du, Gott?« Sie hatten keine Augen dafür, dass CNN das Begräbnis live in die ganze Welt ausstrahlte und dass dadurch das Evangelium in Ländern gehört werden konnte, die Missionaren verboten sind. Viele ungläubige Jugendliche übergaben ihr Leben dem Herrn. Viele gläubige Jugendliche lieferten auf Grund der nachfolgenden Kampagne unter dem Titel »Ja, ich glaube« ihr Leben wieder neu an Christus aus. Und viele Gemeinden wuchsen näher zusammen. Gott wurde durch den bewusst sündigen Akt zweier Schüler, die dazu von Satan angestiftet worden waren, in vielfältiger Weise verherrlicht.

Nicht lange danach irrte eine weitere »Flipper-Kugel« durch die Medien. Es war so als würde Satan sagen: »Wenn ich Gottes Herrlichkeit in einer Schule nicht unter Kontrolle bringen konnte, dann werde ich das in einer Kirche tun. Ich werde diesen Christen dort wehtun, wo sie es am schmerzlichsten empfinden.« So marschierte an einem Mittwoch Abend ein Pistolenschütze während des Gebetsgottesdienstes in einer Baptistengemeinde in Fort Worth, Texas, nach vorne und begann, unschuldige Menschen zu erschießen. Wiederum sagten Katzen: »Wo warst du, Gott?« Aber Gott sagte: »Ich kann es für meine Herrlichkeit verwenden. Ich kann mich dadurch verherrlichen und ich werde es tun!«

Was nur wenige wussten ist, dass bevor die Tragödie passierte, der Pastor der Gemeinde, Bruder Al, gebetet hatte: »Herr, tue was auch immer nötig ist, um diesen Dienst auszubreiten.« (Gott braucht zwar nicht unsere Zustimmung, um in unserem Leben zu wirken, aber ich möchte hier doch eine Warnung aussprechen: Pass auf, wofür die betest, dein Gebet könnte erhört werden!) Nach diesem tragischen Ereignis gab Gott Pastor Al die Gelegenheit, im Fernsehen bei der Talkshow »Larry King Live« dabei zu sein und geschätzten 200 Millionen Zusehern das Evangelium erklären zu können (deutlich mehr als üblicherweise bei einem typischen Mittwoch-Abend Gottesdienst!). Wieder wurde das Begräbnis von CNN ausgestrahlt und 35 Leute in Japan, die davon gehört hatten, übergaben ihr Leben Christus. Lehrer an öffentlichen Schulen führten ihre Kinder zu Christus. Und die Gemeinde wurde mit E-Mails überflutet, in denen gefragt wurde: »Wie kann ich den Frieden bekommen, den ihr habt?« Das Endergebnis? Gott erhielt unglaublich viel Ehre durch etwas, was man sonst als reine Tragödie bezeichnen würde.

Katzen übersehen oft die Herrlichkeit Gottes, weil sie so darauf fixiert sind, heraus zu finden, worin sie als Menschen profitieren könnten. Sie sehen den Tod und den empfundenen Seelenschmerz, aber sie schaffen es nicht, sich davon loszureißen und darüber nachzudenken, was das für Gott bedeuten könnte. Gehen wir einen weiteren Schritt, um zu verstehen, wie schwierige Zeiten eine Geburtsstätte möglicher Herrlichkeit Gottes sein können, indem wir hinzufügen: »Je schwieriger es wird, desto mehr Ehre bekommt Gott.« Wenn man das graphisch darstellen würde, dann könnte dies folgendermaßen aussehen:

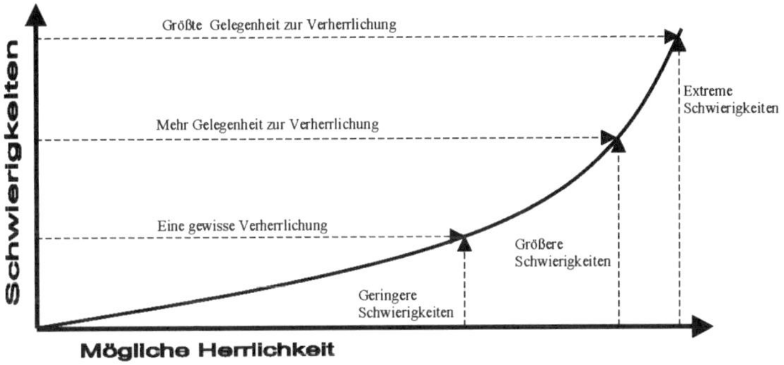

Die Graphik zeigt, wie die »Schwierigkeiten« mehr werden. Wenn widrige Lebensumstände in unser Leben treten, geht die Kurve nach oben. Auf der Achse von links nach rechts findet man die »mögliche Herrlichkeit«, das heißt, wie sehr Gott dadurch verherrlicht werden kann. Wenn unsere Schwierigkeiten zunehmen, wächst unser Potential, Gottes Herrlichkeit auszustrahlen!

Wie die Graphik zeigt, bieten uns geringe Schwierigkeiten auch nur eine geringe Chance, Gott zu ehren. Wenn unsere Schwierigkeiten wachsen, wächst auch unsere Gelegenheit, Gott Ehre zu geben. Und wenn wir durch extreme Schwierigkeiten gehen, dann ist dies zugleich eine riesige Gelegenheit, Gottes Herrlichkeit sichtbar werden zu lassen. Je größer die Schwierigkeiten, desto größer das Potential, unseren Vater zu verherrlichen.

Obwohl Hunde schwierige Zeiten nicht suchen, sehen sie sie doch als Gelegenheiten, mehr von Gottes Herrlichkeit zu offenbaren, wenn sie da sind! Wenn aber Zeiten kommen, in denen Gottes Herrlichkeit nicht durch viele und größte Segnungen ausstrahlen kann, wie reagieren Katzen dann im Normalfall? Wenn sie tiefen, seelischen Schmerz verspüren, wenn sie Krebs haben, Vergewaltigung erleben, einen frühen Todesfall, dann schreien sie hinaus: »Unfair! Gott, das ist einfach nicht fair!«. Dabei sind sie sich überhaupt nicht ihrer Möglichkeiten bewusst, Gott zu verherrlichen. Sie denken sogar, dass sie keinen Grund haben, Gott zu verherrlichen, wenn sich nicht gesegnet werden.

Wenn Katzen das Leben als unfair empfinden, fangen sie an, Gott für das zu beschuldigen, was passiert. Das führt dazu, dass Katzen Gott gegenüber bitter werden, ihn ablehnen oder sogar wütend auf ihn sind. Typischerweise kommen Katzen nie auf den Gedanken, dass es sich dabei um Segnungen in »anderem Gewand« handeln könnte oder um Gelegenheiten, die extra dazu gemacht sind, damit sie auf großartigere Weise auf Gottes Herrlichkeit hindeuten können. Genau das ist aber der eigentliche Sinn unseres Lebens! Wenn solche Situationen entstehen, dann können Christen seine Herrlichkeit und seine überragende Macht offenbaren, indem sie im danken, ihn preisen und ihn anbeten. Aber weil Katzen diese Chance nicht erkennen, geht mögliche Herrlichkeit verloren. Herrlichkeit, die auf Gott hätte zurückstrahlen können, ist verloren und wir haben einen eifersüchtigen Gott seiner Herrlichkeit beraubt.

Stell dir vor, du fährst spät am Abend mit dem Auto eine Straße hinunter und auf einmal hast du einen platten Reifen. Gott wusste, dass das passieren würde (darum geht es ja bei seiner Souveränität). Wie reagierst du? Sagst du: »Gott, was mich betrifft, so hätte das nicht zu einem blöderen Zeitpunkt passieren können, aber ich weiß, dass du nicht die Kontrolle verloren hast. Deshalb vertraue ich dir und preise dich dafür!« (Wie sehr doch dieser Glaube und dieses

Vertrauen Gottes Herrlichkeit widerspiegelt!) Fängst du vielleicht an, ein Loblied zu singen, wie »Ehre sei Gott, der Quelle allen Segens …«? Nein, meistens reagieren wir wie Katzen, sehen nur, was für uns dabei herausspringt und verfluchen insgeheim (oder weniger insgeheim) die Situation. Und in dem Moment, wo wir das tun, berauben wir Gott bereits seiner Herrlichkeit.

Die Tochter einer Frau erlitt eine Querschnittslähmung. Um für ihre Tochter zu sorgen, musste die Frau ihr ganzes Leben umkrempeln, ihren Job kündigen und zu einer vollzeitigen Pflegerin werden. Wie reagierte die Mutter darauf? Sagte sie: »Herr, das bedeutet, dass ich meinen Job aufgeben muss. Ich muss mich mit einem minderen Lebensstil zufrieden geben und rund um die Uhr für meine Tochter sorgen, aber ich weiß, das wird meinen Charakter stärken und mich mehr wie du werden lassen. Es wird mir extrem schwer fallen, aber in dem allen will ich dir vertrauen. Ich werde anderen zeigen, was es bedeutet, ein dienendes Herz zu entwickeln.«

Leider reagierte sie nicht so. Sie glaubte der Lüge, die Satan ihr zuflüsterte, dass sie nämlich selbst am wichtigsten und ihr Leben jetzt zerstört sei. Sie ging also in ein Waffengeschäft, ließ sich eine Waffe zeigen, legte eine Kugel ein, zog den Abzug und beging Selbstmord. Hier war eine Frau mit der Gelegenheit, Gott ihr Leben lang zu verherrlichen, indem sie sich für einen anderen Menschen aufopferte. Aber sie glaubte der Lüge Satans, dass es in Wirklichkeit doch um sie gehe, und beraubte Gott seiner Herrlichkeit.

Stell dir einen Tümpel vor, den die Kinder immer zum Schwimmen benützen. Eines davon springt kopfüber hinein, schlägt mit dem Kopf irgendwo, knapp unter der Wasseroberfläche auf, und bricht sich das Genick. Natürlich wird jeder, der davon betroffen ist, das als Tragödie bezeichnen, besonders, wenn sich herausstellt, dass das Kind sein Leben lang querschnittsgelähmt bleiben wird. Dabei können wir es dann belassen und über den unglücklichen Vorfall jahrelang jammern, oder aber wir konzentrieren uns auf Gottes Herrlichkeit. Ist sie vorhanden? Natürlich! Rede nur einmal mit Joni Ericson Tada darüber.

Die Geschichte von Joni wurde durch das gleichnamige Buch bekannt und ihre Berühmtheit ist in den letzten zehn Jahren auf unglaubliche Weise gestiegen. Aber es war eigentlich weniger ihr eigener Ruf, der so sehr von Herzen aufgenommen wurde, als ihr Zeugnis. Durch alle Schwierigkeiten hindurch schaute sie immer auf den Herrn, pries ihn und betete ihn an. Wegen der tragischen Umstände entwickelte sie ein Zeugnis, das von Millionen gehört wurde! Gottes Herrlichkeit wurde ins Rampenlicht gestellt! Durch ihren Unfall verursacht, erhielt sie eine Möglichkeit, dem Herrn zu dienen, von der sie nicht einmal hätte träumen können. In all dem hat Joni den Herrn auf eine unglaubliche Art und Weise verherrlicht. Es stimmt einfach: je größer die Schwierigkeiten, desto größer die Ehre, die Gott empfangen kann.

Cassie Bernall war ein junges Mädchen, das an der High School von Columbine erschossen wurde. Obwohl sie starb, lebt ihre Geschichte, ihr Zeugnis und die Verherrlichung Gottes weiter. Bei einem unserer Seminare von UnveilinGLORY traf ich (Gerald) vor kurzem die Großeltern von Cassie (Lee und J. J. Jorgensen). Sie kamen um zu bezeugen, dass der Tod Cassies nicht nur die Möglichkeit eröffnete, den Wert und die Herrlichkeit Gottes zu verkündigen, sondern dass er auch sie selbst in einen Dienst für Gott geführt hat. Diese Großeltern werden jetzt überall in den USA eingeladen um an Schulen zu sprechen, den Schülern zu begegnen und ihnen den Wert und die Herrlichkeit Gottes näher zu bringen.

Konfrontiert mit dem Gedanken, Cassie könnte durch ihren Tod mehr Gelegenheit, Gott zu dienen, größere Auswirkungen und mehr Einfluss zur Verherrlichung Gottes gehabt haben, als das durch ihr Leben der Fall gewesen wäre, stimmten diese reizenden, liebevollen Großeltern sofort zu. Eine Tragödie? Absolut – und doch wird Gott dadurch unglaublich verherrlicht!

Noch eine weitere positive Geschichte? In einem europäischen Land arbeitete eine Missionarsfamilie unter Türken. Sie sprachen ihre Sprache fließend und waren die einzigen Missionare, denen die Türken vertrauten. Dann wurde bei dem Ehemann (und Vater) Krebs festgestellt. Obwohl seine Gemeinde ihn nach Hause brachte und ihm die bestmögliche medizinische Versorgung ermöglichte und sie so gut und viel für ihn beteten, wie sie es vermochten, urteilte der Herr, dass er durch den Tod dieses Mannes mehr Ehre bekommen würde als durch sein Leben. Der Mann hinterließ eine wunderschöne Frau und drei liebe Töchter.

Wie reagierte seine Frau? Sagte sie ärgerlich: »Herr, hier sind wir und geben dir unser ganzes Leben. Wir opfern alles, um diese wunderbaren Menschen zu erreichen und was gibst du uns dafür?! Auf wessen Seite stehst du eigentlich?« Nein. Mitten in ihrem tiefsten Schmerz sah sie sich selbst als eine privilegierte Frau und sagte: »Irgend jemand muss hingehen und diesen kostbaren türkischen Frauen zeigen, wie man als Witwe Kinder aufzieht. Und genau dazu fühle ich mich von Gott berufen.« Heute, zu diesem Zeitpunkt, lebt in der Türkei eine Witwe mit ihren Töchtern und strahlt Tag für Tag die Herrlichkeit Gottes aus, weil sie die Einstellung und die Perspektive »eines Hundes » besitzt!

Aber Gottes Herrlichkeit kann übersehen werden und sehr oft ist das auch der Fall. Es gibt so viel Herrlichkeit, die nicht bewusst und voll Jubel zu Gott zurückgestrahlt wird. Und so geht mögliche Herrlichkeit verloren und Gott wird beraubt. Das alles passiert, weil wir als Katzen glauben, dass es nur um uns geht. Wir nehmen an, das Leben wurde dazu geschaffen, sicher, sanft, leicht und bequem zu sein. Und wenn daher etwas Schweres in unserem Leben passiert, dann rufen wir aus: »Gott, das ist nicht fair!« Wir müssen lernen, dass das Leben nie dazu bestimmt war, fair zu sein. Es wurde als Aneinanderreihung von Gelegenheiten gemacht, Gottes Herrlichkeit widerzuspiegeln und auszustrahlen.

Christen haben die Wahl, wie sie auf die Situationen des Lebens reagieren. Du kannst mit deinem Schicksal hadern, Gott verfluchen, aufzeigen, wie unfair das ist und dir wünschen, es wäre nie passiert (und beraubst daher Gott seiner Herrlichkeit); oder du kannst dich selbst in Gottes Hand geben und trotz der schlimmen Dinge, die um dich her passieren, seine Herrlichkeit suchen.

Wenn es regnet, reagieren der Bauer und der Städter unterschiedlich. Der Bauer dankt Gott für den Regen, den er für seine Ernte braucht, während der Städter den Regen verflucht, weil er seine Pläne stört. Und während der Regen auf Gerechte und Ungerechte fällt, ist es ihre eigene Sichtweise und Einstellung, die bestimmt, ob der Regen für sie zum Segen oder zum Fluch ist.

Genauso haben Katzen und Hunde eine entgegen gesetzte Einschätzung der Ereignisse in ihrem Leben. Hunde haben herausgefunden, dass viele Dinge, die wie ein Fluch aussehen, nur verborgene Segnungen sind. In allen Lebensumständen besteht das Potential, Gott die Ehre zu geben. Wenn du erkennst, dass Gottes Herrlichkeit die Erfüllung deines Lebenszweckes ist und sie dir eine große innere Befriedigung geben kann und du sie dennoch ignorierst, dann kann das sehr frustrierend für dich sein. Es ist unser Gebet, dass du Gott nicht seiner Herrlichkeit beraubst!

13 Das geistliche Wachstum von Katzen wird verhindert

Eine der größten Stärken meiner (Bobs) Frau ist ihre Gastfreundschaft. Debby liebt es, bei uns zu Hause Leute zu bewirten und gibt ihnen immer das Gefühl, etwas Besonderes zu sein. Und das tut sie nicht nur für Leute, die uns zu Hause besuchen, sondern auch für die Menschen in unserer Nachbarschaft. Wenn wir neue Nachbarn bekommen, finden sie bald einen Teller mit selbstgemachten Keksen oder einem frisch gebackenen Apfelkuchen vor der Tür. Debbie macht es Spaß, Leute auf diese Weise Gottes Herrlichkeit sehen zu lassen, abgesehen davon, dass es nach der üblichen »Etikette« einfach auch eine nette Geste ist.

Regeln der Etikette helfen uns, andere respektvoll zu behandeln und geben uns gewisse Leitlinien, wenn wir anderen ein Gefühl des Willkommenseins oder des Dankes vermitteln wollen. Während Debbie aber ihre Etikette unter Beweis stellt, wenn sie für eine andere Familie einen Kuchen bäckt, tut sie es eigentlich, weil sie ihnen etwas Gutes tun will, nicht weil sie das Gefühl hat, sie müsse es tun.

Manchmal aber, ohne dass wir uns dessen bewusst sind, hält die »richtige Etikette« Katzen davon ab, das Glaubensleben in seiner ganzen erfahrbaren Fülle erleben zu können. Warum? Nun, wenn du zum Beispiel bei Bekannten zum Essen eingeladen bist, dann ist es ein Gebot der Höflichkeit, ihnen zu danken und sie zu einem späteren Zeitpunkt ebenfalls zum Essen einzuladen. Diese Art der Essensetikette – sich zu bedanken und die Einladung zu erwidern – beschreibt, wie Katzen ihr christliches Leben führen. Ohne darüber nachzudenken, sagt eine Katze im Wesentlichen: »Da Christus am Kreuz für mich gestorben ist (er hat mir etwas Gutes getan), sollte ich ihm danken und zumindest für ihn leben (ich sollte ihm auch etwas Gutes tun).« Eine Katze fragt: »Geht es nicht darum, mit einem dankbaren Herzen für Christus zu leben?«

Nun wissen Katzen aber, dass sie Gott niemals alles zurückzahlen können, daher versuchen sie, ihm soviel davon wie möglich zurück zu zahlen. Das passiert, wenn sie versuchen, ihr Leben als Christen aus eigener Kraft so gut wie möglich zu leben. Aus diesem Grund wachsen Katzen geistlich nicht bis zu jenem Punkt, den sie eigentlich erreichen könnten. Sie schaffen es nicht. Warum? Weil ihr Wachstum verhindert wird. Gutes zurück zu zahlen beraubt sie in ihrem christlichen Leben der Kraft Gottes.

»Hilf mir« Gebete

Als ich (Bob) noch auf dem College war, schrieb ich mir meine Gebete oft auf. Meine Gebete lauteten ungefähr so:

Herr, hilf mir, heilig zu sein.

Herr, hilf mir, dich mehr zu lieben.

Herr, hilf mir, dass ich mutig meinen Glauben bezeuge.

Herr, hilf mir, mehr wie du zu werden. (usw. usw.)

Als ich eines Tages so betete, hatte ich das Gefühl, als würde der Herr zu mir sagen: »Bob, was bittest du mich zu tun?«

Ich antwortete: »Herr, was meinst du? Ich bitte dich um deine Hilfe. Ich kann diese Dinge alleine nicht schaffen.«

»Aber was bedeutet das?«, sagte er wieder.

Und dann traf es mich wie ein Blitz! Ich hatte Gott gebeten, *mir* zu helfen. Ich wollte sein Geschenk des ewigen Lebens erwidern, indem ich versuchte, aus eigener Kraft und Stärke für Gott zu leben. Zwar hätte ich nie von Prozentsätzen gesprochen, aber sagen wir einmal, ich versuchte, zu 70 Prozent in der Kraft des Fleisches (wie die Bibel es nennt) zu leben und ich bat Gott darum, die übrigen 30 Prozent zu übernehmen.

Und irgendwie (obwohl ich das nie so gesagt hätte) dachte ich, wenn es bei den »himmlischen olympischen Spielen« einmal zur Verleihung der Medaillen kommen würde, dann würde ich eine Goldmedaille erhalten (schließlich hatte ich ja 70 Prozent der Arbeit verrichtet), und Christus neben mir würde die Silbermedaille in der Hand halten (er hatte mit ja geholfen, die verbliebenen 30 Prozent der Arbeit zu tun). Und dann würde ich zu ihm sagen: »Danke, Jesus, ohne dich hätte ich es nicht geschafft.«

Ich hatte keine Ahnung davon, dass ich damit wie eine Katze lebte und mein eigenes geistliches Wachstum behinderte. In Joh.15,5 sagt Jesus: »Ich bin der Weinstock; ihr seid die Reben. Wenn jemand in mir bleibt und ich in ihm, dann bringt er viel Frucht; ohne mich könnt ihr *nichts* tun.« Ich hatte nie verstanden, was dieses »nichts« wirklich bedeutete, besonders seit wir in der Lage sind, Menschen am Mond abzusetzen, seit wir Computer bauen, die in einer Nanosekunde tonnenweise Information verarbeiten, seit wir zu früh geborene Babys retten können – und es gibt ja noch viele Tausende von Dingen, die der Mensch ohne Gott tun kann.

Aber es dämmerte mir, dass er damit »nichts mit Ewigkeitswert« meinte. Indem ich versuchte, 70 Prozent meines Glaubenslebens selbst zu leben, begrenzte ich Gott darauf, die restlichen 30 Prozent meines Wachstums hervorzubringen. Er wollte, dass ich noch mehr wachse, aber wie eine Katze vertraute ich ihm nicht, was mein Wachstum betraf. Ich dachte, ich müsse es mir selbst erkämpfen.

Aus diesem Grund geschahen 70 Prozent des möglichen geistlichen Wachstums in meinem Leben nicht.

Als mir das bewusst war, wurde mir eine Bibelstelle unglaublich bedeutsam und veränderte mein Leben. Es heißt dort: »Und ich werde euch ein neues Herz geben und einen neuen Geist in euer Inneres geben; und ich werde das steinerne Herz aus eurem Fleisch wegnehmen und euch ein fleischernes Herz geben. Und ich werde meinen Geist in euer Inneres geben; und ich werde machen, dass ihr in meinen Ordnungen lebt und meine Rechtsbestimmungen bewahrt und tut.« (Hes.36,26 – 27; Elb).

»Mache, dass ich« Gebete

Gott möchte uns dazu bringen, dass wir mit ihm wandeln! Als mir bewusst wurde, was dieser Vers bedeutet, fiel eine riesige Last von meinen Schultern. Die Last, ein Leben als Christ zu führen, lag nicht mehr auf mir. Sie lag auf Gott. Er war dafür verantwortlich mich ein Leben führen zu lassen, das ihm gefiel.

Danach änderte ich meine Gebete. Sie lauten jetzt:

Herr, mache, dass ich heilig bin.

Herr, mache, dass ich dich mehr liebe.

Herr, mache, dass ich meinen Glauben mutig bekenne.

Herr, mache, dass ich mehr wie du werde. (usw. usw.)

»Sollten wir also nichts tun und alles Gott überlassen?«, fragen Katzen. Hunde wissen, dass das Gleichgewicht zwischen unseren Bemühungen und Gottes Bemühungen in Kol.1,29 zu finden ist, wo es heißt: »Wozu ich mich auch bemühe und kämpfend ringe gemäß seiner Wirksamkeit, die in mir wirkt in Kraft.«

Der Ausdruck »mich bemühe« spricht von einem mechanischen Tun. Ich habe endlich gelernt: Ja, ich muss meine Stille Zeit machen. Ja, ich muss in Gottes Wort lesen, aber es wird dabei erst etwas passieren, wenn Gott mir dort begegnet. Und wenn ich diese Dinge nicht einfach tue, dann hat Gott keine Gelegenheit, mich geistlich wachsen zu lassen. Hunde wissen, dass Wachstum in unserem Glaubensleben dann stattfindet, wenn wir Schritte setzen, die es Gott ermöglichen, unser Leben zu ändern. Wenn wir ihm diese Möglichkeit nicht geben, wird auch nichts passieren.

Der Ausdruck »gemäß seiner Wirksamkeit« meint, dass Gott uns in solchen Zeiten dazu befähigt. Das geschieht, wenn wir etwa folgendes beten: »Herr, ich will heute hinausgehen und meinen Glauben bezeugen, aber wenn du nicht durch mich sprichst und die Herzen der Menschen anrührst, wird nichts verändert.« oder: »Herr, ich werde jetzt meine Stille Zeit machen, aber wenn du mir dort nicht begegnest, dann wird sie trocken sein wie Haferstroh.« Hunde wissen, dass wir gewisse Dinge automatisch tun müssen, dass Gott aber 100 Prozent unseres Wachstums hervorbringt und ihm aller Ruhm dafür zusteht. Das gefällt einem Gott, der eifersüchtig auf seine Ehre bedacht ist! Wenn wir die Dinge nicht regelmäßig tun, dann hat Gott auch nicht die Möglichkeit, uns wachsen zu lassen.

Wachstum in allen Lebensbereichen

Ich fand heraus, dass das für alle Lebensbereiche gilt, sogar für die ganz banalen. Jahrelang versuchte ist, »mich in Gott zu verlieben«, wobei ich nicht wirklich wusste, wie ich tun das sollte. Aber Gott wollte sogar in diesem Lebensbereich wirken. In 5. Mose 30,6 steht: »Und der HERR, dein Gott, wird dein Herz und das Herz deiner Nachkommen beschneiden, damit du den HERRN, deinen Gott, liebst mit deinem ganzen Herzen und mit deiner ganzen Seele, und lebst.« Gott will unsere Herzen beschneiden, damit wir ihn lieben. Er wird uns dazu bringen, ihn zu lieben. Also sogar auf einem der grundlegendsten Gebiete unseres christlichen Lebens wissen Hunde, dass einer der ersten Schritte darin besteht, Gott anzurufen, damit er uns dazu bringt, ihn zu lieben!

Das betrifft sogar die Ehe. Debby ist eine extrem schöne Frau – das ist einer der Gründe, warum ich sie geheiratet habe. Zum Teil (wie mir später bewusst geworden ist) tat ich es, weil ich ein schlechtes Selbstbild hatte. Ich wollte, dass andere Männer sie an meiner Seite entdecken und sagen würden: »Wow, also du hast ja wirklich einen Feger!«. Aber diese Püppchenliebe nutzte sich im Laufe unserer Ehe ab. Wie bei jedem anderen Ehepaar ging unsere Ehe vom Zustand des Verliebtseins in einen realistischeren Zustand über und es machte mir zunehmend Mühe, sie so zu lieben, wie ich es sollte.

Und dann musste ich die Lektion von Beginn an neu lernen. Ich hatte versucht, meine Frau in meiner eigenen Kraft und Stärke zu lieben. Ich tat Buße und begann zu beten: »Herr, mache, dass ich meine Frau so liebe, wie ich es tun sollte.« Heute führen wir eine gesunde Ehe und das verdanken wir ausschließlich Gott, dem alle Ehre dafür gebührt.

Dieses Prinzip gilt nicht nur für die großen Lebensbereiche (Gott lieben, den Ehepartner lieben, usw.), sondern auch für die kleineren. Das sind jene, in denen Katzen ihr Wachstum behindern; ganz alltägliche Dinge, mit denen sich Katzen normalerweise beschäftigen, wenn sie z. B. »dort waren, um das T-Shirt zu besorgen«. Und sie beginnen, sich in diesen kleinen Bereichen auf ihre eigene Kraft zu verlassen.

Katzen fangen an, ungefähr so zu denken: »Ich bin schon tausende Male zur Arbeit gefahren; ich brauche dabei nicht Gottes Hilfe«. »Ich bin schon in die ganze Welt geflogen; ich weiß, dass dem Flugzeug nichts passieren wird« »Ich habe diese Sonntagsschullektion schon so oft gelehrt, dass es schon gut gehen wird«. »Ich habe dieses Problem bereits früher gehabt; ich weiß, wie ich damit umgehen muss« oder »Ich weiß, wie ich meinen Job tun muss; dafür muss ich nicht beten«.

Gerade die Dinge, die wir bereits tausende Male getan haben, können uns dazu verleiten, uns auf unsere eigene Kraft zu verlassen und nicht dem Herrn und seiner Kraft und Stärke zu vertrauen. Und wenn wir das tun, wirken wir in der Kraft des Fleisches. Das gefällt einem eifersüchtigen Gott nicht. Was ihm gefällt und was Hunde beten, ist: »Herr, ich habe diesen Vortrag schon tausend Mal gehalten. Und du hast gezeigt, dass du ihn gerne verwendest. Aber ich bin immer noch zu 100 Prozent von dir abhängig, dass du durch mich sprichst und Leben veränderst.« »Gott, ich rechne damit, dass du mir heute hilfst, wenn ich die Wäsche erledige, als Taxifahrer unterwegs bin, einkaufen gehe, das Essen zubereite, das Geschirr spüle.« »Gott, ich brauche dich heute im Büro. Ich weiß, ich könnte alles aus eigener Stärke tun, aber das will ich nicht, weil ich mein Leben nicht in der Kraft des Fleisches führen will.«

Hunde wissen, dass es nur eine Reaktion gibt, wenn Gott dich »zum Essen einlädt«: »Gott, danke. Du bist so liebevoll. Könnte ich zum Frühstück auch vorbei schauen?«. Und wenn du zum Frühstück eingeladen bist, dann sagst du: »Herr, noch einmal danke! Kann ich zum Mittagessen kommen?« Und nachdem er dich ein weiteres Mal treu versorgt hat, fragst du: »Herr, und darf ich am Abend auch wieder kommen?«.

In Deutschland würden wir die Gastfreundschaft auf diese Weise schnell abnutzen! Aber bei Gott nutzt sie sich niemals ab! Warum? Weil, je öfter wir zu Gott kommen, desto mehr wird er verherrlicht, indem er Tag für Tag für uns sorgt. Gott möchte, dass du jeden Aspekt deines Lebens zu ihm bringst und ihm vertraust, dass er dich auch in Zukunft dafür zurüsten wird.

Jetzt verstehe ich, dass ich einmal im Himmel keine Medaillen zu erwarten habe. Jesus bekommt für 100 Prozent der Arbeit die Goldmedaille und ich werde nicht einmal neben ihm am Podest stehen. Alle Ehre gebührt Gott allein!

14 Es geht ganz um dich!

Ihr Name war Jennifer. Sie war jung, schön, mit einem guten Job und verheiratet mit einem wunderbaren Mann. Wie jede junge Braut hatte sie große Pläne – ihr eigenes Haus mit einem weißen Lattenzaun, tolle Autos und schöne Möbel. Sie träumte den großen amerikanischen Traum. Das Leben würde es gut mit ihr meinen. Aber innerhalb weniger Jahre begann sich das Leben von Jennifer zu verändern. Sie und ihr Ehemann gingen, ohne dass sie es bemerkten, mehr und mehr getrennte Wege. Und dann wurde ihre größte Angst Realität: eine andere Frau erschien auf der Bildfläche. Ihr Mann beging Ehebruch. Jennifer war emotional zerstört und bald auch geschieden. Alle ihre Träume hatten sich in Luft aufgelöst.

Während dieser Zeit fing Jennifer an, Gott zu suchen. Sie musste es einfach. Sie wusste nicht, wo sie sonst hätte hingehen können. Sie dachte, es sei nichts mehr übrig und daher schrie sie zu Gott, um eine Beziehung mit ihm aufzubauen. Sie entwickelte auch einen Hunger nach Gottes Wort, wie sie ihn nie gekannt hatte. Auf diesem Leidensweg wurde Jennifer mit der Zeit eine gefestigte Christin. Heute dient sie vollzeitig dem Herrn und ist Mitarbeiterin bei Frontiers, einer Missionsgesellschaft, deren Anliegen es ist, in der ganzen moslemischen Welt Gemeinden zu gründen.

Larry Crabb sagt uns in seinem Buch *Shattered Dreams* im Wesentlichen, dass Gott damit beschäftigt ist, unsere Träume zu zerstören. Katzen können das nicht verstehen, weil sie denken: »Gott zerstört unsere Träume nicht; er liebt uns!« Aber Hunde verstehen das. Hunde wissen, dass Gott jeden unserer Träume, der nicht von ihm stammt, zerstören will. Gott will für uns nur das Beste und das Beste für uns ist er selbst. Alles, was geringer ist als er, ist nur zweite Wahl und Christus starb nicht dafür, uns mit der zweiten Wahl abzuspeisen. Daher tut (bzw. erlaubt) er alles, was nötig ist, damit wir unsere minderwertigen Träume aufgeben und anfangen, ihn als einzige Quelle unserer Freude zu suchen. Genau das war es auch, was nach Gottes Plan in Jennifers Leben eintrat. Der große amerikanische Traum wich einem unendlichen Hunger nach ihm!

In diesem Buch haben wir dir ununterbrochen gesagt: »Es geht nicht um dich«. Was haben wir damit gemeint? Einfach nur, dass es nicht darum geht, die Bedeutung und den Sinn deines Lebens in etwas anderem zu finden außer in Gott und in seiner Verherrlichung. Jetzt, wo du das verstanden hast, wollen wir dir sagen: »Es geht um dich!«. Es geht darum, dass du in Gott und nur in Gott, so glücklich wie möglich wirst.

Niemand kann das besser vermitteln als John Piper. Ein Kapitel zu schreiben, das dieses Thema auf eine geeignete Weise ähnlich gut ausdrückt, wie er das tut, ist herausfordernd. Sein Buch *Sehnsucht nach Gott* leistet einfach ganze Arbeit. In diesem Kapitel wirst du daher viele Bibelstellen und Prinzipien finden, die er verwendet. Wenn du es nicht schon getan hast, möchten wir dich aber dazu ermutigen, dir »Sehnsucht nach Gott« zu besorgen, es (zwei, drei oder viermal) zu lesen und Gott zu erlauben, dass er dabei dein Leben verändert!

Nirgends in der Bibel steht, dass Gott nicht möchte, dass du glücklich wirst. Katzen denken vielleicht, dass dieses Buch das vermitteln will, aber das stimmt nicht. Tatsächlich sagt die Bibel (und dieses Buch) das genaue Gegenteil davon. Jesus kam, um uns Leben in Fülle zu geben (Joh.10,10). Aber diese Fülle finden wir nicht in Dingen, sondern wir entdecken sie nur in Gott selbst! Indem wir uns an ihm freuen, werden wir das größte Glück und die größte Freude erleben, die es in diesem Leben für uns gibt. Ja, die Bibel spricht davon, dass unser alter Mensch mit Christus stirbt, aber dabei geht es nur darum, dass wir unsere Freude in Gott allein finden. Sieh dir die folgenden Texte an:

> Denn wenn jemand sein Leben erretten will, wird er es verlieren; wenn aber jemand sein Leben verliert um meinetwillen, *wird er es finden*. (Matth.16,25)

> Und ein jeder, der Häuser oder Brüder oder Schwestern oder Vater oder Mutter oder Kinder oder Äcker um meines Namens willen verlassen hat, *wird hundertfach empfangen* und ewiges Leben erben. (Matth.19,29)

> Er sprach aber zu allen: Wenn jemand mir nachkommen will, verleugne er sich selbst und nehme sein Kreuz auf täglich und folge mir nach! Denn wer sein Leben retten will, wird es verlieren; wer aber sein Leben verliert um meinetwillen, der *wird es retten*. (Luk.9,23–24)

Wenn wir unser Leben um Christi Willen verlieren (zu seiner Verherrlichung), dann finden wir das Leben! In Lukas 9,24 wird das griechische Wort hier mit »retten« übersetzt. Schlägt man in einem griechischen Wörterbuch nach, dann findet man dort folgende Bedeutung: »erlösen, d. h. befreien oder beschützen – heilen, bewahren, retten (selbst), etwas gut schaffen, vollständig sein (machen)«. Wenn wir daher unser Leben retten, machen wir es vollständig, bewahren und beschützen es! Das stimmt überein mit Matthäus 16,25. Wir werden »es finden«! Das Leben ist dazu bestimmt, gefunden zu werden! Gott sagt im Wesentlichen: »Ich möchte, dass du in dem Sinne stirbst, dass du deine Freude nicht mehr in etwas anderem findest *als in mir*.«

Rissige Zisternen

Leider tun die meisten Katzenchristen das genaue Gegenteil. Sie freuen sich über alles außer über Gott und behaupten dann noch, dass das das überfließende, christliche Leben wäre. Das wollten wir in den ersten zwei Dritteln dieses Buches ansprechen. Gott behandelt dieses Problem unmittelbar im Buch Jeremia. Sehen wir uns das gemeinsam an. Er sagt: »Denn zweifach Böses hat mein Volk begangen: Mich, die Quelle lebendigen Wassers, haben sie verlassen, um sich Zisternen auszuhauen, rissige Zisternen, die das Wasser nicht halten.« (Jer.2,13)

Gott verwendet hier Zisternen als Beispiel. Nach dem Wörterbuch ist eine Zisterne »ein Aufnahmebehälter für Wasser oder andere Flüssigkeiten, insbesondere ein Tank, um Regenwasser aufzufangen und zu speichern«. Weil Wasser immer gebraucht wurde (und im Alten Testament oft Mangelware war), gruben viele Leute ein Loch in den Boden, um das Regenwasser aufzufangen. Diese Löcher wurden während der Regenzeit mit Wasser gefüllt, das später zum Trinken und Kochen verwendet wurde. Der Brunnen, in den Josef geworfen wurde, war wahrscheinlich eine solche ausgetrocknete Zisterne. (Beachte, dass sich eine Zisterne von einer Quelle unterscheidet. Aus einer Quelle sprudelt ununterbrochen Wasser hervor. Sie muss nie aufgefüllt werden, während man eine Zisterne ständig neu auffüllen muss.)

Gott sagte seinem Volk durch Jeremia, dass sie zwei Sünden begangen hatten. Die erste bestand darin, dass sie die Quelle lebendigen Wassers, Gott selbst, zurück gewiesen hatten. Das ist es, was Katzen auch heute tun. Darum geht es bei der Katzentheologie und darum wurde dieses Buch geschrieben. Sie haben die erste Liebe Christi verlassen und haben sich selbst oder andere auf den Thron gesetzt. Die zweite Sünde bestand darin, dass sie für sich selbst Zisternen gegraben, Zisternen, die undicht waren!

Schauen wir uns diese rissigen Zisternen an. Welche Arten von Zisternen graben Katzen? Nun, diese Frage können wir beantworten, indem wir eine weitere Frage stellen: Woran freut sich eine Katze? Wenn du herausfindest, woran eine Katze ihre Freude hat, findest du auch ihre Zisterne! Katzen finden ihre Freude außerhalb Gottes. Obwohl sie nach wie vor zur Gemeinde gehen und ihre Stille Zeit halten, liegt dort nicht ihre Freude. Diese christlichen Aktivitäten sind für sie mehr eine Pflicht, als etwas, das sie gerne tun. Die Freude einer Katze ist in zwei anderen Dingen zu finden. In welchen Dingen?

Männer haben viel Freude am Sport. Ob sie beim Fußball ihrem Lieblingsteam zusehen, die Abfahrtsasse beobachten, wie sie die Piste hinuntersausen, oder selbst zum Kegeln, zum Drachenfliegen oder zum Fischen gehen, die meisten Männer haben mehr Spaß am Sport, als sie das jemals am Herrn haben könnten. Ist es falsch, bei einem Match mitzufiebern oder sich auf einen Tag beim Angeln zu freuen? Nein, aber wenn du dich auf das nächste Spiel oder den nächsten Angeltag mehr freust als darauf, Zeit mit Gott zu verbringen, dann hast du irgendwie eine Grenze übertreten. Gott ist nicht mehr deine erste Liebe. Der Sport ist es. Bei anderen Männern nehmen Autos, ihr Boot oder der Bau eines Eigenheims diese Stellung ein. Je mehr Dinge sie haben, desto mehr fühlen sie sich als »richtige Männer« und desto befriedigter sind sie.

Bei Frauen können das die Kleider oder Freundschaften sein. Ihre Freude kann in ihren Kindern bestehen oder darin, wie sie ihre Wohnung gestalten. Bei Jugendlichen ist es vielleicht das Ausgehen, das Kino, das Internet, chatten oder Jugendliche des anderen Geschlechts. Alle diese Dinge versprechen ihnen mehr Freude als Gott selbst.

Männer und Frauen finden zu viel Freude in ihrer Arbeit oder ihrer Karriere. Viele Leute investieren ihr ganzes Leben in die Karriere, weil sie dort für ihr Selbstbild die meiste Bestätigung erhalten. Und weil es ihnen tief in ihrem Inneren nur um sich selbst geht (und sie daher die Bestätigung suchen), verbringen sie sechzig, siebzig oder sogar achtzig Stunden pro Woche in ihrem Job. Für sie bedeutet das Leben!

Aber Gott sieht auf diese Aktivitäten und urteilt, dass sich jene, die darin aufgehen, eigene Zisternen graben. Sie graben sie in der Hoffnung, darin Freude zu finden, aber die Zisternen sind undicht. Wie sind sie undicht?

Während meiner (Bobs) Zeit an der Universität des Staates Pennsylvania, bestand mein Hauptfach in der Mitarbeit bei der christlichen Studentenorganisation »Campus für Christus«, während meine Studiengegenstände das Nebenfach darstellten. Leider lernte ich während meines dortigen Studiums nur sehr wenig (aber das Leben vieler Menschen wurde anders!). Eines der Dinge, die ich dort lernte, war die »IFD-Krankheit«. Das »I« steht dabei für Idealisierung. Eines der Symptome war zum Beispiel, dass ich mir vorstellte, wie viel Freude ich an einem neuen Auto haben würde, an einer neuen Stereoanlage oder eine neuen Wohnung. Und als ich sie dann wirklich bekam, war es nicht so, wie ich es erwartet hatte. Das Auto fand ich in der ersten Woche super, aber dann verlor es seinen Reiz. Die Stereoanlage genossen wir einen ganzen Monat lang, aber dann hörten wir bei weitem nicht mehr so viel Musik, wie wir gedacht hatten. Und die Wohnung war ideal, aber nach ein paar Monaten war sie wie jede andere Wohnung auch. Und wenn uns dann bewusst wird, dass uns diese Dinge im Innersten nicht wirklich befriedigen, bekommen wir die »F«-Phase der genannten Krankheit: Frustration. Plötzlich stecken wir wieder in dem leeren Loch, das wir fühlten, bevor wir diese Dinge hatten. Also suchen wir nach weiteren »Spielsachen«, um das Loch auszufüllen, aber damit geht es uns nicht besser. Schließlich setzt die Phase »D« ein, die Demoralisierung. Wieder einmal fühlen wir uns leer und fragen uns, was, wenn es überhaupt etwas gibt, uns echte dauerhafte Freude bringen könnte.

Meine (Geralds) Mutter hinterließ mir einen Leckerbissen Weisheit – und das mit einem Augenzwinkern. Sie sagte: »Ich will das was ich will, wenn ich es will. Wenn ich bekomme, was ich will, dann will ich nicht, was ich bekommen habe, also wollte ich das, was ich wollte, als ich es wollte, nicht wirklich.« Sie hatte wahrscheinlich keine Ahnung davon, dass sie damit eine Schriftstelle aus den Sprüchen in eigene Worte fasste: »Die Augen des Menschen werden nicht satt.« (Spr.27,20). Wenn Gott sagt, dass unsere Zisternen kein Wasser halten können, dann meint er damit das.
Wir beschäftigen uns mit so vielen Dingen, sobald wir sie aber haben, befriedigen sie uns nicht mehr. Sie verflüchtigen sich. Und darum brauchen wir dann eine größere Wohnung, ein schnelleres Auto oder eine modernere Heimkinoanlage, um unser Freudenniveau wieder zu heben. Ständig versuchen wir, die rissigen Zisternen aufzufüllen. Wir lesen die Werbebroschüren bevor wir Gottes Wort lesen. Über das neueste Sonderangebot sind wir mehr aus dem Häuschen als über eine Begegnung mit Gott. Wir sind so damit beschäftigt diesen Dingen nachzujagen, dass uns kaum mehr Zeit für Gott bleibt.

Gott bekommt nur, was von unserer Zeit übrig ist. Wenn wir Zeit haben, zwängen wir unsere Stille Zeit irgendwie hinein. Aber Gott zu begegnen (und es zu lernen, uns an ihm zu erfreuen), hat immer zweite Priorität. (Es wundert mich, wie manche Leute am Samstag sechs Stunden vor dem Fernseher oder im Schwimmbad verbringen können, aber keine Zeit haben, um Gott wirklich zu begegnen.).

Leider ist es so, dass sich Katzen, bevor die Frustration steigt, durchaus befriedigt fühlen (sie denken, sie haben das christliche Leben in Fülle). Und zu diesem Zeitpunkt fühlt sich das Glaubensleben einer Katze so an, als würden sie in einem mexikanischen Restaurant Essen gehen. Wie ist das? Du setzt dich, bestellst dein Essen und dann kommen Salsa und Chips auf den Tisch. Also greifst du zuerst einmal zu und wenn dann der Hauptgang serviert wird, dann bist du, offen gesagt, eigentlich nicht mehr hungrig!

So ist das bei Katzen auch. »Was, eine zweistündige Stille Zeit?« ruft eine Katze aus, »Ist das nicht ziemlich ungewöhnlich? Reicht es nicht, sich jeden zweiten Tag zehn Minuten mit Gott zu treffen? Eine Gebetsnacht bis zum Morgen? Was gibt es schon zu beten, was eine ganze Nacht dauert? Du kannst nicht das alles von mir fordern; das ist selbstsüchtig!«

Gott hat andere Pläne mit unserem Leben. Deshalb sagt er auch: »Wer sein Leben finden wird, wird es verlieren, und wer sein Leben um meinetwegen verliert, der wird es finden« (Mat.10,39). Gott weiß, dass die Dinge der Welt uns nicht wirklich zufrieden stellen können. Deshalb sagt er auch, dass unser altes Ich sterben muss. Er will nicht, dass wir einem Traum nach dem anderen nachlaufen und unterwegs frustriert und demoralisiert werden. Darin besteht nicht das erfüllte Leben, das er für uns möchte.

Quellen lebendigen Wassers

Im Gegensatz zu rissigen Zisternen, sagt Gott, ist er wie eine Quelle lebendigen Wassers. Das wunderbare an dieser Quelle ist, dass du sie nie auffüllen musst. Sie liefert beständig Wasser für alle, die davon trinken wollen! Denk daran, Gott ist unbegrenzt. Und wenn er unbegrenzt ist, dann können wir auch eine unbegrenzte Menge seiner selbst kennen lernen und genießen. Es wird nie soweit kommen, dass wir Zeit mit Gott verbringen und danach sagen: »Okay, ich war dort. Ich hab's getan. Das ist ein alter Hut.«

In Johannes 4 spricht Jesus mit der Frau am Brunnen über lebendiges Wasser. Sie fragt ihn, worüber er denn da redet. Hören wir seine Antwort: »Jesus antwortete und sprach zu ihr: ›Jeden, der von diesem Wasser trinkt, wird wieder dürsten; wer aber von dem Wasser trinken wird, das ich ihm geben werde, den wird nicht dürsten in Ewigkeit; sondern das Wasser, das ich ihm geben werde, wird in ihm eine Quelle Wassers werden, das ins ewige Leben quillt.‹« (Joh.4, 13–14).

Gott möchte, dass wir nie mehr durstig sind. Er möchte, dass wir von ihm und nur von ihm, so erfüllt werden, dass wir nicht mehr den Dingen der Welt nachlaufen, um Glück zu finden. Wir werden nicht nach Beziehungen außerhalb unserer Ehe suchen; wir werden nicht Dinge begehren, die uns befriedigen sollen. Wir werden so zufrieden sein, Gott und seine Herrlichkeit zu sehen, dass wir im wahrsten Sinn des Wortes Überfluss im Leben haben. Wir werden uns danach sehnen, ihn und seine Herrlichkeit überall widerzuspiegeln, weil wir in ihm so zufrieden sind! Und je mehr wir ausschließlich in ihm Zufriedenheit finden, desto mehr strahlen wir auch seinen Wert und seine Würde aus, desto mehr wird er verherrlicht! Das Motto, das John Piper für sein Werk mit dem Namen »Desiring God Ministries« (Verlangen nach Gott Dienste) gewählt hat, lautet: »Gott wird in uns am meisten verherrlicht, wenn wir in ihm am meisten zufrieden sind.«

Obwohl Katzen sagen würden, dass sie in Gott Zufriedenheit finden wollen, haben sie nicht die Geduld, die dafür erforderlich ist. Katzen wollen immer eine schnelle Lösung und die Dinge dieser Welt versprechen ihnen diese. Solche Schnelllösungen finden sich überall, vom Fußballmatch am nächsten Wochenende bis zum neuesten Kinofilm, der im Kinopalast am Ende der Straße Premiere hat. Die Quelle lebendigen Wassers zu finden braucht hingegen Zeit. Bei Gott gibt es keine schnellen Lösungen.

Sie dir einmal Sprüche 2,1–4 an *(Luther 1984)*:

> Mein Sohn, *wenn* du meine Rede annimmst
> und meine Gebote behältst,
> so dass dein Ohr auf Weisheit acht hat,
> und du dein Herz der Einsicht zuneigst,

ja, *wenn* du nach Vernunft rufst
und deine Stimme nach Einsicht erhebst,
wenn du sie suchst wie Silber
und nach ihr forschest wie nach Schätzen:
dann wirst du die Furcht des HERRN verstehen
und die Erkenntnis Gottes finden.

Ist dir die »wenn/dann« – Formulierung aufgefallen? Der »wenn« – Teil ist die Herausforderung. Wenn wir seine Gebote behalten (uns Bibelverse ins Gedächtnis rufen und darüber nachdenken), wenn unser Ohr auf Weisheit achtet und wir im Herzen verstehen wollen (regelmäßig biblische Lehre empfangen), wenn wir nach Vernunft und Einsicht rufen (unseren Tagesplan um die Zeit der Stille herum planen und nicht umgekehrt), wenn wir in Gottes Wort forschen wie nach einem verborgenen Schatz (wie sehr unterscheidet sich das doch davon, wenn wir Gott nur den Rest unserer Zeit widmen), *dann* werden wir Gott finden. Hunde verstehen, dass Zeit nötig ist, um nach den Quellen lebendigen Wassers zu suchen und dass es nicht unmittelbare Ergebnisse bringt. Sie wissen, dass Eilpost (wenn etwas unbedingt über Nacht da sein muss) selten ist, wenn es darum geht Gott zu suchen.

Ich *warte* auf den HERRN, meine *Seele wartet*,
und ich hoffe auf sein Wort.

Meine Seele wartet auf den Herrn

mehr als die Wächter auf den Morgen;
mehr als die Wächter auf den Morgen. (Ps.130,5 – 6)

Warte auf den HERRN!
Sei getrost und unverzagt
und *warte auf den HERRN*! (Ps.27,14)

Ich wartete geduldig auf den HERRN, ... (Ps.40,2)

Wir warten auf dich, HERR,
auch auf dem Wege deiner Gerichte;
das Verlangen unseres Herzens ist
nach deinem Namen und deinem Lobpreis. (Jes.26,8)

Wir sollten so nach Gott suchen wie Piraten nach einem vergrabenen Schatz. Das dauert nicht nur einen Tag. Manchmal brauchen wir dafür ein ganzes Leben. Hunde fühlen sich wohl dabei, auf den Herrn zu warten. (Katzen hassen es zu warten). Deshalb erwarten Hunde, dass ihre Suche nach Gott beharrlich und geduldig sein muss. Sie wissen, dass das Warten »ein sich Gott aussetzen »ihrer Seele bedeutet.. Es hilft ihnen (und Gott) zu zeigen, wie groß ihr wahrer Hunger nach Gott ist. Das Warten der Seele zeigt auch, wie wertvoll Gott für dich ist. Wenn du jahrelang auf etwas warten musst, muss es dir sehr viel wert sein. Wenn du aber schon nach ein paar Minuten aufgibst, kann es für dich nicht besonders wichtig sein. (Weil Katzen nicht auf Gott warten wollen, drücken sie damit aus: »Gott, du bist es nicht wert, dass man auf dich wartet«.

Deshalb ermahnt uns die Schrift, uns an Gott zu freuen!

Freut euch im Herrn allezeit! Wiederum will ich sagen: Freut euch! (Phil.4,4)

Übrigens, meine Brüder, freut euch im Herrn! (Phil.3,1)

Es mögen fröhlich sein und sich freuen an dir alle, die dich suchen; (Ps.40,17)

Eins habe ich vom HERRN erbeten, danach trachte ich:
zu wohnen im Haus des HERRN alle Tage meines Lebens, um anzuschauen die Freundlichkeit des HERRN und nachzudenken in seinem Tempel. (Ps.27,4)

»Aber wie genau freut man sich am Herrn?«, ruft vielleicht eine Katze. In seinem Buch »Hunger nach Gott« antwortet John Piper in etwa folgendes: »Faste in Bezug auf alles, was dir mehr Freude bereitet als Gott.« Für manche bedeutet das, im Einkaufen gehen zu fasten, für manche vom Fernsehen, für wieder andere vom Internet. Was immer dich so zufrieden macht, dass du Gott nicht mehr brauchst –faste darin! Wir stimmen ihm von ganzem Herzen zu. Wir hoffen aber auch, diese Frage von Katzen im nächsten Kapitel noch weiter zu beantworten.

15 Anbetung ist Leben!

Orel Herschiser war beim amerikanischen Baseball ein bekannter Werfer der Los Angeles Dodgers. Im Jahr 1988 hatte er eine unglaubliche Saison. Im August schaffte er ein Spiel mit »Shutout«, d. h. dem gegnerischen Team gelang kein einziger Run, gefolgt von fünf weiteren »Shutouts« in dieser Saison, dazu noch eine Reihe einzelner Spielrunden mit »Shutout«. Einmal hinderte er seine Gegner in 59 Spielrunden hintereinander, einen Run herauszuspielen.

Auch in den Playoff-Spielen der amerikanischen Nationalliga gegen die New York Mets stellte Orel die Schlagmänner in den Schatten und warf in mehr als 24 Spielrunden und noch einmal im ganzen Endspiel ein »Shutout«. Auch in den World Series schaffte Orel im fünften Spiel einen weiteren Totalsieg. Schließlich räumte er am Ende der Saison auch alle in den verschiedenen Baseball-Ligen vergebenen Ehrungen für herausragende Leistungen ein.

Während eines Spieles in der Playoff-Runde zeigte die Fernsehkamera Orel zwischen zwei Spielrunden in Großaufnahme. Es war offensichtlich, dass er leise vor sich hin sang, aber man konnte das Lied nicht erkennen. Die Kommentatoren fragten sich, was da wohl von seinen Lippen kam und meinten, dass sein Rekord ihm sicher genug Grund zum Singen geben würde.

Als Orel ein paar Tage später in einer Talkshow auftrat, bat ihn sein Gastgeber, das Lied zu singen, bei dem er von der Fernsehkamera ertappt worden war. Die Zuschauer unterstützten die Bitte lautstark. So sang Orel im nationalen Fernsehen leise Folgendes:

> Preist Gott, vom dem alle Segnungen fließen;
> Preist ihn, alle Geschöpfe hier auf Erden;
> Preist ihn dort oben, ihr himmlischen Scharen;
> Preist den Vater, den Sohn und den Heiligen Geist. Amen.

Mitten während eines Baseballspiels hatte Orel Lobpreislieder für Gott gesungen.

Am Ende von Kapitel 1 betrachteten wir Offenbarung 4,11 und stellten fest, dass die Worte bedeuten: »Du bist würdig, unser Herr und Gott, die Herrlichkeit und die Ehre und die Macht zu nehmen, denn du hast alle Dinge erschaffen, und *zu deiner Freude* wurden sie erschaffen und bestehen sie.«

Gott erschuf alles zu seiner eigenen Freude. Das heißt, alle Sterne fliegen zu seiner Freude durchs Weltall. Die Erde existiert zur Freude Gottes, ebenso wie die Sonne und der Mond. Die Bäume und die Pflanzen wachsen zu Gottes Freude. Die Vögel und Insekten fliegen zu seiner Freude. Alles, woran du denken kannst, besteht zu Gottes Freude.

Katzen wollen wissen, was dieses »alles« mit ihnen zu tun hat (schließlich geht es im Leben ja um sie). Sie stellen ununterbrochen die Frage. »Wie kommt das mir zugute?«. Hunde stellen eine andere Frage, weil sie wissen, dass alles für IHN da ist. Sie fragen daher: »Wie kommt das Gott zugute?« (»What does God get? WDGG?). Deshalb halten Hunde im Alltag ständig Anbetungsgottesdienste ab, weil sie alles, was sie sehen, auf Gott beziehen. Bei Katzen ist das nicht so.

Katzenanbetung

Gib dich keiner Täuschung hin, auch Katzen beten an. Aber für sie ist die Anbetung nur ein *Teil* ihres Lebens. Katzen beten nur zu bestimmten Zeiten an. Das passiert zum Beispiel am Sonntag Morgen in der Gemeinde, während ihrer Stillen Zeit, oder wenn sie sich Anbetungsmusik anhören. Und wofür beten sie Gott an? Ihre Anbetung konzentriert sich hauptsächlich darauf, ihm für das zu danken, was er für *sie* getan hat. (Denk daran: Es geht immer um sie. Das ist wie beim Krebs: sie haben die Krankheit und wissen es gar nicht). Ihre Lieblingslieder enthalten häufig die Worte »ich«, »mein«, »mir« und »mich«. Und wenn sie Gott nicht dafür verehren, was er für sie getan hat, dann gehört es für sie einfach nur zum Alltag.

Auch Hunde beten Gott an. Aber wenn sie Gott am Sonntag Morgen oder während ihrer persönlichen Stillen Zeit anbeten, dann konzentrieren sie sich hauptsächlich darauf, wer Gott ist, nicht so sehr darauf, was er für sie getan hat. Lieder wie »Wie groß bist du« oder »Heilig, heilig, heilig« sind ihnen sehr vertraut. Warum? Nicht nur, weil die Melodie ins Ohr geht und sie glücklich macht, sondern weil sie Gott rechtmäßig dafür erhöhen wollen, wer er ist! Und nach dem Anbetungsgottesdienst hört ihre Anbetung nicht auf. Hunde kennen keinen Alltag außerhalb der Herrlichkeit Gottes. Für einen Hund ist das ganze Leben Anbetung!

Als ich (Bob) heiratete, ermutigte mich jemand, mir ein Hobby zuzulegen, um mich von der Arbeit abzulenken. Aus diesem Grund begann ich zu tischlern. Ich kaufte ein paar alte Werkzeuge und fing an, damit zu werken. Mein erstes Projekt war ein kleines Tablett für meine junge Braut. Wir verwenden es heute immer noch. Ich machte weitere Fortschritte bis ich schließlich ein Riesenprojekt in Angriff nahm. Ich beschloss, mir meinen eigenen Rollladen-Schreibtisch zu bauen. Aus verschiedenen Gründen zeichnete ich keine Pläne und wollte nur gebrauchtes Holz verwenden, das in der Nachbarschaft entsorgt wurde und zum Verbrennen bestimmt war. Auch der Schreibtisch ziert heute noch unser Zuhause.

Wenn Leute zu uns auf Besuch kommen und den Schreibtisch sehen, sagen sie zu meiner Frau: »Wow, das ist aber ein schöner Schreibtisch, wo habt ihr denn den her?« Meine Frau antwortet dann wahrheitsgemäß: »Mein Mann hat ihn aus Abfallholz gezimmert«. Sobald ich das Wort »Abfallholz« höre, reagiere ich auf mein Stichwort und komme in aller (versuchten) Bescheidenheit zur richtigen Zeit ins Zimmer. Und wenn ich dann da bin, dann sagen sie: »Das hast du wirklich aus Abfallholz gebaut?« Sie ehren mich also für das Werk meiner Hände. Als mir bewusst wurde, was da immer wieder ablief, ging mir ein Licht auf: »Warum sollte ich Gott nicht für das Werk seiner Hände ehren?«

Seither begann ich auf diese Weise zu denken. Ich entdeckte viele verschiedene Arten, wie mein Leben zu einem Anbetungsgottesdienst werden kann. Einmal fuhr ich, gemeinsam mit meiner Tochter Elise (einmal im Jahr darf jedes Kind mit mir eine Reise unternehmen), mit dem Auto auf dem Highway Richtung San Diego. Da entdeckten wir neben der Straße wunderschöne Blumen. Wir blieben also stehen, stiegen aus und pflückten eine davon.

Auf dem Weg zurück zum Auto begannen wir, die Details der Blume zu betrachten. Ich sagte: »Schau einmal, Sis. Schau dir diese Farben an, das Violett und das Grün – wie wunderschön das ist. Hättest du je daran gedacht, gerade diese Farben zu kombinieren? Weißt du, das passierte nicht zufällig; Gott hat sie gemalt. Gott ist wirklich ein meisterlicher Künstler. Und sieh dir einmal diese Blätter an. Schau, wie grün sie sind. Und die Adern. Und fühl einmal die feinen Härchen hier am Stiel. Und hier, riech einmal dran, Mhm. Riechen die nicht super?«

Was geschah da? Direkt neben dem Highway hielten meine Tochter und ich einen zehnminütigen Anbetungsgottesdienst, weil wir uns eine Frage stellten: »Was hat Gott jetzt davon?«

Aber das war bei mir nicht immer so. Ich erinnere mich noch genau an die Tage, als ich noch in meinem evangelikalen Humanismus badete. Da schenkte mir einmal jemand eine Rose und sprach davon, wie wunderschön sie doch sei. Als ich die Rose bekam, schaute ich sie kurz an und warf sie dann über die Schulter auf den Fußboden. Warum? Weil sie nichts damit zu tun hatte, Muslime für Christus zu erreichen. Ich hatte wortwörtlich keine Zeit dafür, an Rosen zu riechen!

Und Aquarien? Ich hasste Aquarien. Ich sah mir vielleicht einen Fisch an, ging dann weiter zum nächsten Behälter, weiter zum nächsten und beendete meinen Rundgang so schnell wie möglich, wobei ich mir ständig bewusst war, wo sich der Ausgang befand. Wie sehr mich Aquarien doch langweilten! Heute kann ich mich von ihnen überhaupt nicht mehr lösen. Ich liebe Aquarien! Ich liebe sie, weil ich darin nach der Kreativität Gottes Ausschau halten kann und es erfüllt mich Ehrfurcht! Ich stelle mir vor, wie Gott an die verschiedenen Fische denkt, die er gemacht hat, vom Schwertfisch zum Sonnenfisch, manche mit ganz »hässlichen« Gesichtern, andere mit einem ganz flachen Gesicht. Und dann erstaunt mich seine Kreativität, wenn ich einen Kraken sehe und wie er die Farbe so ändern kann, dass sie zu seiner Umgebung passt.

Ich liebe auch die Farben der verschiedenen Arten. Ich freue mich an den Streifen und daran, wie zärtlich er die Farben zusammenstellt. Er ist der Meistermaler. Ich lache über ein Seepferd. Ich bin erstaunt von der Kraft des Wals. Krabben können mich zum Lächeln bringen. Und die Schönheit eines schwimmenden Schwarms von Quallen – kein von Menschen gemachtes Kunstwerk könnte man nur annähernd damit vergleichen! Früher schleppte sich die Zeit im Aquarium nur so dahin. Heute fliegt sie dahin. Ich kann mich kaum davon losreißen, weil ich von Gottes Kreativität überwältigt bin. Und dabei denke ich immer wieder daran, welche Freude unser Vater in 1. Mose 1,20–21 verspürt haben muss.

Während ich hier mit meinem Laptop warte bis mein Sohn sein Football-Training beendet hat, beobachte ich einen bildschönen Sonnenuntergang. Das sanfte Verschmelzen der Rosa- und Grautöne ist einfach wunderbar! Wie Gott die Wolken gestaltet- so kreativ. Ich danke ihm und lobe ihn für diesen Sonnenuntergang. Ich halte einen winzigen Anbetungsgottesdienst, indem ich neben dem Football-Training meines Sohns den Sonnenuntergang betrachte. (Wir versuchen das auch ständig unsere Kinder zu lehren, damit sie ebenso sagen: »Schau, was Gott dort an den Himmel malt!«).

Sharon und ich (Gerald) teilen ebenfalls gerne unsere Erfahrungen mit einander. Wenn ich zum Beispiel mit dem Auto unterwegs bin und dabei einen herrlichen Sonnenuntergang beobachte, dann greife ich zum Handy, rufe sie an und ermutige sie, einmal kurz zum Fenster zu gehen. Seit die Herrlichkeit Gottes unser Leben veränderte, haben sich unsere Gespräche stark verändert. Früher sagte ich: »Sieh dir den schönen Sonnenuntergang an!«. Jetzt hört sie von mir: »Schau einmal den schönen Sonnenuntergang; Gott leistet wieder einmal ganze Arbeit!« Je mehr man sich auf Gott und auf seine Herrlichkeit durch die Arbeit seiner Hände konzentriert, desto lebendiger wird das Leben. Unterhaltungen verändern sich und die Freude an Gottes Werk wächst. Aber das ist nicht das einzige, was wir erleben. Es gibt noch eine ganz andere Dimension!

Als wir (Bob und Debbie) in Arizona lebten, besaßen wir ein Haus mit einer Tür in die Garage, die fast nicht zu schließen war. Man musste sie wirklich mit aller Kraft zuschlagen und bei vier kleinen Kindern war sie nur selten geschlossen. Normalerweise verlor die Klimaanlage dadurch ihre Wirkung. Endlich kam der Tag, an dem ich mir die Zeit nahm, sie zu reparieren. Nachdem ich mir die richtigen Schrauben besorgt hatte, steckte ich sie durch die Scharniere und bohrte sie in der Hoffnung fest, zumindest zwei, wenn nicht drei der Türpfosten zu erwischen. Nachdem schließlich alle neun

Schrauben drinnen waren, hielt ich den Atem an und schloss die Tür. Zu meiner Freude (normalerweise gelingen die Dinge beim ersten Versuch nicht wie sie sollten – Murphys Gesetz folgt mir meistens auf dem Fuß) ließ sich die Tür ohne die kleinste Schwierigkeit schließen. Sie war repariert.

Ich weiß, es klingt dumm, aber ich ging danach manchmal nur hinaus, um die Tür zu öffnen und wieder zu schließen! Ich jubelte innerlich, dass die Tür wieder funktionierte! Dann traf es mich wieder wie ein Blitz: Wenn ich mich so daran freuen kann, dass etwas wieder richtig funktioniert, dann freut sich Gott mit Sicherheit auch darüber, dass etwas richtig funktioniert! Und wenn er sich darüber freut, warum sollte ich mich nicht auch darüber freuen?

Als Gott zum ersten Mal meine Ausrichtung auf seine Herrlichkeit veränderte, wurde sogar mein Gebetsleben drastisch anders. Meiner Frau wäre es wahrscheinlich lieber, ich würde die Geschichte nicht erzählen, aber sie ist mir sehr wichtig. Wir hatten einen Hund namens Punkie. Als ich eines Tages mit ihr nach draußen, damit sie dort ihr Geschäft verrichtete, fiel mir auf, dass es ihr nur mit Mühe gelang. Sie hockte sich hin, aber nichts passierte. Sie bewegte sich ein Stück vorwärts – nichts passierte. Sie versuchte zu gehen, während sie noch immer hockte und immer noch passierte nichts. Also betete ich, dass Gott meinen Hund heilen würde, damit ich zurück nach Hause gehen könnte.

Da, plötzlich wurde mir bewusst, dass nichts in meinem Gebet Gott anerkannte, sein Werk, seine Schöpfung oder seine Herrlichkeit. Ich wusste, ich musste mein Gebet wiederholen, aber diesmal anders. Jetzt betete ich: »Herr, du segnetest uns mit diesem kleinen Hund und was für eine Freude sie doch für uns war. Aber Herr, sie hat jetzt Probleme. Dieser kleine Körper, den du so prächtig schufst und die vielen kleinen Organe und Gewebeteile, die zusammenwirken, um deine Herrlichkeit sichtbar zu machen, machen sie jetzt nicht mehr deutlich. Ich bitte dich daher, lass diese Körperteile, die du entworfen hast, so funktionieren, wie du es geplant hattest. Lass deine Schöpfung sichtbar werden und erlaube ihr, richtig zu funktionieren.

Vielleicht hätte ich nicht erstaunt sein sollen, aber Punkie hockte sich wieder hin und verrichtete im selben Moment noch ihr Geschäft. Okay, es klingt ein bisschen derb und ich erzähle diese Geschichte auch nicht überall von der Kanzel, aber sie zeigt mit Sicherheit, wie Gottes Herrlichkeit in jedem Ereignis unseres Lebens zum Ausdruck kommen kann!

Freue dich daran, woran Gott sich freut

Wenn wir (Debbie und Bob) heutzutage sehen, wie ein Ehepaar, das mit seinen Kindern unterwegs ist, sich an den Händen hält, dann wissen wir, dass Gott da oben im Himmel lächelt, weil eine Familie so funktioniert wie geplant. Und wenn Gott lächelt, dann können wir auch lächeln! Wenn wir beobachten, wie ein Vater und eine Mutter gemeinsam ein Kind halten und ihm mit Küssen und Umarmungen ihre Liebe zeigen, dann empfinden wir Freude, weil wir wissen, dass Gott sich freut. Und das hat unser Leben verändert!

Früher hielten wir unsere Kinder im Arm und dachten an das nächste Meeting, an den Plan für morgen oder an die verlorene, moslemische Welt- und wir hatten nie wirklich Freude an unseren Kindern. Wenn wir sie jetzt halten, beten wir Gott an, indem wir ihm für unsere Vater-Sohn Beziehung oder unsere Mutter-Tochter Beziehung danken. Wir verfolgen ehrfürchtig den Gedanken, dass Gott uns anvertraut hat diese Kinder zu lieben und sie in seinen Wegen zu erziehen. Wir haben Spaß daran, mit ihnen Zeit zu verbringen (obwohl es nie genug Zeit ist!) und ihnen zuzusehen, wie sie beim Football trainieren und im Ballett tanzen und wir beglückwünschen einander, dass wir zusehen dürfen, wie sie aufwachsen und sich entwickeln. Und jetzt wissen wir auch, warum uns Gott Enkel schenkte: um uns eine zweite Chance zu geben.

Wenn ein Ehemann seine Frau fünfzehn Jahre lang umwirbt, lächelt Gott. Wir können das auch. Wenn ein junger Mann ein junges Mädchen umwirbt und sie mit Heiligkeit und Respekt behandelt, lächelt Gott. Wir können das auch. Wenn sich die Jahreszeiten ändern wie ein Uhrwerk, lächelt Gott. Und wir können uns auch daran freuen. Wenn sich zwei Menschen versöhnen und einander vergeben, lächelt Gott. Und wenn wir davon erfahren, können wir an seiner Freude teilhaben. Was immer richtig funktioniert, so wie Gott es geplant hatte, macht Gott Vergnügen. Alles wurde zu seinem Vergnügen geschaffen (Offb.4,11). Und wenn du weißt, dass er über etwas lächelt, dann lächle mit ihm. Es geht nicht um dich, es geht um ihn! Gläubige »Hunde« feiern mit Gott und teilen seine Freude mit ihm!

Noch mehr Beispiele? Musik anzuhören kann ein einziger, großer Anbetungsgottesdienst sein und zwar nicht wegen des Rhythmus oder der Melodie, obwohl die dazu beitragen mögen. Aber das ganze Konzept, dass man ein Stück Metall mit etwas Holz zusammenpresst und dann ein Pferdehaar daran reibt, damit die Luftmoleküle in Schwingung geraten und sich auf das Holz übertragen, wodurch schließlich ein Häutchen in meinem Ohr erreicht wird, wodurch wieder eine kleine Trommel mitschwingt, die ein Signal an mein Gehirn schickt und ich verstehe und empfinde das Ganze als Musik – was für ein Wunder! Was für ein Gott! Und ich vernehme ja nicht nur eine bestimmte Tonhöhe. Ich kann tausende verschiedene Töne voneinander unterscheiden. Manche passen ganz wunderbar zusammen. Manche bilden einen Gegensatz. Und irgendwie weiß ich, welche Töne schön klingen und welche falsch sind. Es ist erstaunlich! Ich bewundere den Gott, der die Akustik erschuf!

Und dann denke einmal ans Sehen. Sicher, in der Schule haben wir alles über Zäpfchen und Stäbchen im Auge gelernt. Aber irgendwo, tief im Innern dachte ich, dass die Signale dieser Zäpfchen und Stäbchen an das Gehirn geschickt und dort auf einem Projektor abgespielt würden, und dass dann irgendjemand im Gehirn das Ganze betrachten würde. Nein. Irgendwie definiert die graue Masse einen Gegenstand als Bild, das einen Sinn ergibt. Unglaublich! Hunden wird dabei bewusst, dass allein schon die Fähigkeit zu sehen es wert ist, dass wir Gott anbeten! Was für einen bewundernswerten Gott wir doch haben!

Der Herbst ist eine herrliche Zeit – zuzusehen, wie der Herr die Blätter bunt färbt, deren Grün einst vor Leben strotzte. Ich liebe es, wie er einen grünen Baum nehmen kann, um nur ein Stück der Blätter orange oder gelb zu färben! Wenn ich im Herbst die Straße entlang fahre, betrachte ich einen Baum nach dem anderen und erkläre: »Herr, wie kreativ du doch bist! Und ein breites Lächeln huscht über mein Gesicht.

Wenn dir wieder einmal langweilig ist, mache einen Spaziergang um dein Haus und betrachte die Natur. Da ist dieser Strauch. Erblühen manche seiner Teile mit neuem Leben, während andere abgestorben sind? Studiere es. Denk darüber nach. Lerne davon. Der Herr hat sich das so ausgedacht. Was sagt dir das? Ich überlegte es und fand heraus, dass Gott durchaus glücklich darüber ist, wenn Leben und Tod neben einander stehen. Leben und Tod sind für Gott gleichermaßen in Ordnung.

Gary Taylor half ganz am Anfang bei der Gründung von Frontiers, einer Missionsgesellschaft, die in der ganzen moslemischen Welt Gemeinden gründet. Mit der Zeit rief uns der Herr in verschiedene Richtungen, aber ich (Bob) blieb immer mit ihm in Kontakt. Einmal, als wir beide an einer internationalen Konferenz von Frontiers teilnahmen, um Greg und Sally Livingstone zu ehren, erzählten uns Gary und seine Frau Carolyn über den Kampf ihres Sohnes gegen den Krebs. Eines ihrer Erlebnisse, welches ich nie vergessen habe, war die Beschreibung Carolyns von ihrem Sohn Derek, wie er im Spitalsbett lag, im Kampf gegen den Krebs und dem Tode nahe und dabei seinen neugeborenen Neffen in den Armen hielt. Leben und Tod zusammen – etwas, vor dem Gott sich nicht fürchtet, es zusammen zu fügen. Ich hatte es an Sträuchern und Bäumen gesehen und jetzt hörte ich es über den Sohn meines Freundes. Was für ein Bild von der Herrlichkeit Gottes!

Sollte es dich eher langweilen durch die Natur zu spazieren, geh in die Küche und nimm dir eine Orange, eine Weintraube, Wassermelone oder ein Stück Kuchen und koste es! Hast du dir jemals bewusst gemacht, dass Gott dir keine Geschmacksnerven hätte geben müssen und doch tat er es? Warum? Damit du seine Herrlichkeit schmecken könntest! Gott hätte es so einrichten können, dass alles gleich schmecken würde, so wie Hühnchen. Er hätte alles fade und geschmacklos erschaffen können, wie Wasser vielleicht. Aber er tat es nicht. Er wollte, dass du in der Lage bist, Schokolade und Erdbeeren, Grillfleisch, Pfirsichnektar, geröstete Cashewnüsse und andere Köstlichkeiten zu schmecken. Jeder Geschmack sollte dich Bewunderung für sein Werk ausrufen lassen. Vielleicht könntest du, statt Gott nur für dein Essen zu danken, während eines besonders guten Mahls innehalten und Gott sagen, wie wunderbar er ist, dass er es dir ermöglicht hat, diesen herrlichen Geschmack zu erleben.

Gottes Herrlichkeit ist überall um uns herum. Sie kann auf so unterschiedliche Weise erlebt werden. Höre nie auf, danach Ausschau zu halten. Höre nie auf, danach zu verlangen. Höre nie auf, dafür Ehrfurcht zu empfinden! Strahle seine Herrlichkeit auf Gott zurück, er ist es wert! Das Leben sollte ein einziger Anbetungsgottesdienst sei. Und je nachdem, ob du ein Hund oder eine Katze bist, wird alles eine andere Bedeutung bekommen.

Was also machen Hunde konkret anders, wenn sie das Leben als großen Anbetungsgottesdienst sehen? Die Antwort könnte dich schockieren: nicht viel. Aber was sie auch machen, sie tun es mit einer völlig neuen Einstellung! Wenn sie das Geschirr abwaschen, denken sie dabei: »Das gefällt Gott.« Wenn sie arbeiten, denken sie:

»Diese Rolle hat Gott mir gegeben, damit ich für diese Familie sorgen kann.« Sie wechseln die Windeln und denken: »Ich sorge für die, die Gott mir anvertraut hat und ich weiß, das gefällt Gott.« Sie fahren mit dem Auto zur Arbeit und fragen sich: »Wie kann ich Gottes Herrlichkeit dadurch widerspiegeln, wie ich fahre und wo finde ich Gottes Herrlichkeit in der Natur, die mich umgibt?« Sie beobachten ein Kind, das sich am Flughafen an der Hand der Eltern festhält und in ihnen ruft es: »Ja, genau so hat Gott es beabsichtigt!« Sie bereiten ein herrliches Essen für die Familie vor und sagen sich: »Das ist meine Rolle vom Herrn und ich darf seine Herrlichkeit widerspiegeln. Ich habe Frieden damit und es befriedigt mich!«

Hunde tun alles, was Katzen auch tun. Ihr Leben ist in jeder Hinsicht parallel, außer in einer: in ihrer Denkweise! Sie machen alles als Akt der Anbetung Gott gegenüber und mit der Absicht, ihn zum Lächeln zu bringen. Der Grund dafür ist, dass sie alles in Bezug auf Gottes Herrlichkeit definieren! (Siehe die Worterklärung für Hunde).

Das Leben ist dazu gemacht, ein einziger großer Anbetungsgottesdienst zu sein, indem wir für Gott leben und seine Herrlichkeit widerspiegeln. Durch Katzentheologie haben wir aber die Dinge auf den Kopf gestellt und beten den Herrn nicht mehr wirklich an. Wir sind zu sehr damit beschäftigt, uns selbst anzubeten. Wie sehr benötigen wir es doch, in Hundetheologie einzutauchen und den Herrn wieder dafür anzubeten, wer er ist und nicht, was er uns geben kann. Tommy Tenney beschreibt sehr gut die Ausrichtung von Katzen, wenn er die Frage stellt, ob wir nach Gottes Hand Ausschau halten (um zu sehen, was er uns geben wird), oder nach Gottes Gesicht (um uns an seiner Gegenwart zu freuen).

Es ist unsere Hoffnung und unser Gebet, dass sich dein Leben durch den Inhalt dieses Buches radikal verändern wird. Und vielleicht werden manche unserer Leser zum ersten Mal anderen eine wirklich gute Nachricht zu erzählen haben! Oh Vater, bitte lass das geschehen. Amen.

16 Gottes größter Ruhm!

Während ich (Gerald) in den Niederlanden als Pastor diente, gab es einige Leute in unserer Gemeinde, die Corrie ten Boom mit Hingabe bewunderten. Die Holländerin wurde während des zweiten Weltkriegs von den Deutschen gefangen gehalten, weil sie Juden versteckt hatte. Die Gemeindeglieder dienten als freiwillige Fremdenführer im früheren Haus von Corrie, welches Gäste auch heute noch besuchen und wo sie die Geschichte ihrer Bewahrung, ihrer Hoffnung und ihres Glaubens hören können. Die Geschichte wurde auch verfilmt und ihr Buch trägt den Titel *»Die Zuflucht«*. Corrie machte ihre Geschichte und ihr Zeugnis auch in der ganzen Welt durch ihren eigenen Dienst und als Gast von Billy Graham bekannt.

Das Buch beginnt damit, dass jemand die Nazis informiert hatte, dass Corries Vater, ein Mann mit starkem Glauben, und seine Familie zu Hause Juden versteckten. Sie wurden entdeckt und Corrie und ihre Familienangehörigen wurden ins Konzentrationslager gebracht. Corrie verlor dabei ihre ganze Familie, aber nicht ihren Glauben. Sie überlebte und erzählte anderen von Gott, der ihr nicht nur erlaubt hatte, zu überleben, sondern sie auch befähigt hatte, jenen zu vergeben, die sie verfolgt und gequält hatten.

Lange nach dem Krieg besuchte Floyd McClung von »Jugend mit einer Mission« Corrie ten Boom (sie war damals bereits siebzig Jahre alt). Dabei bemerkte er, dass sie gerade Reisekoffer gekauft hatte. Floyd war sehr überrascht, dass sich eine Frau ihres Alters noch neue zulegte hatte und fragte sie, warum sie diesen Kauf getätigt hätte. Corrie erzählte ihm, dass ein Engel sie in einer Vision besucht habe. Als er weiter nachfragte, warum denn der Engel gekommen war, erzählte sie ihm, dass Gott den Engel gesandt hatte, um sie wissen zu lassen, dass sie noch weitere zehn Jahre zu leben habe. Also ging Corrie los und feierte diese Neuigkeit, indem sie sich brandneue Koffer zulegte.

Fünf Jahre später verschlechterte sich der Gesundheitszustand von Corrie zu in einem Grad, dass sie schwer zu leiden hatte und nur mehr sehr begrenzt mobil war. Während sie im Spital starke Schmerzen litt, besuchte Floyd sie wieder. In ihrem Gespräch erfuhr er, dass sie ein zweiter Engel besucht hatte. Der Engel hatte sie informiert, dass ihre Schmerzen und die Qual, die sie erleiden musste, zum Tod führen würden und dass sie sich nie mehr erholen würde. Corrie hatte protestiert und dem Engel gesagt, dass sie doch noch fünf Jahre zu leben habe. Darauf antwortete der Engel, dass ihr himmlischer Vater sich dessen wohl bewusst sei, aber dass er den Engel geschickt hatte, um ihr zu sagen, dass er bereit sei, sie bereits früher nach Hause zu holen. Dadurch war Corrie vor eine schwierige Entscheidung gestellt: zum Herrn zu gehen – oder fünf weitere Jahre unglaubliches Leid und Schmerzen zu ertragen.

Wie würdest du antworten? Vielleicht genauso wie wir es würden. Wir würden uns dafür entscheiden, die Schmerzen zu vermeiden, den Schwierigkeiten zu entgehen und das Leid zu beseitigen. Warum sollte sich irgendjemand anders entscheiden? Es sind solche Zeiten, in denen deutlich wird, aus welchem Holz Menschen geschnitzt sind. Und wir lernen daraus, was Corrie ten Boom von uns unterschied.

Corrie antwortete dem Engel mit einer Frage: »Was wird meinen Vater am meisten verherrlichen? Jetzt schon zu ihm zu gehen oder fünf Jahre lang Leid zu ertragen?« Der Engel sagte: »Hier zu bleiben und weitere fünf Jahre zu ertragen.« Und damit war die Antwort von Corrie besiegelt: »Dann ist es das, was ich wähle.«

Wie konnte sie eine solche Entscheidung treffen? Was machte sie so verschieden von uns? Ganz einfach das: Corrie lebte nicht zu ihrer eigenen Bequemlichkeit; sie lebte für die Herrlichkeit ihres Vaters.

Was resultierte aus diesen fünf Jahren? Während der Name Corrie ten Boom davor für Millionen von Christen auf der ganzen Welt ein geflügeltes Wort gewesen war, verwendete Gott ihre letzten Jahre, um in den Herzen und Köpfen von noch viel mehr Menschen ein Bild davon einzuprägen, was es heißt, ein treues Leben zu führen. Corrie hat uns gezeigt, dass unser Leben zur Verherrlichung des Vaters gelebt werden muss – selbst wenn dass bedeutet, dass wir Schmerzen und Leid ertragen – und nicht für uns selbst.

Das führt uns zu einer sehr einfachen Frage: Wie sehr wollen wir Gott verherrlichen? Wollen wir ihn etwas verherrlichen, sehr verherrlichen oder maximal verherrlichen? Wir nehmen einmal an, nachdem du es in diesem Buch schon so weit geschafft hast, dass du fest entschlossen bist, deinem himmlischen Vater ein Maximum an Ehre zu geben. Wie tun wir das? In der Weltevangelisation finden wir die Antwort, wenn wir fragen: »Was hat Gott davon?«, und nicht: »Was haben die Menschen davon?«

Globale Herrlichkeit

Um zu verstehen, was Gott davon hat, wenn die ganze Welt evangelisiert wird, müssen wir zuerst eine andere Frage beantworten und zwar: »Wie verändert sich unser Bild von Gott, wenn wir gemeinsam mit Menschen aus anderen Kulturen Gott anbeten?« Hast du jemals erlebt, wie es ist, mit jemandem aus einer anderen Kultur vor dem Herrn zu stehen? In unseren Seminaren bitten wir um Handzeichen, wie viele Leute das schon getan haben. Normalerweise sind es eine ganze Reihe. Und wir fragen die, die ihre Hand gehoben haben: »Wie hat sich das auf dein Bild von Gott ausgewirkt?«

Wir erhalten immer dieselbe Antwort: »Es wurde größer«, drücken sie auf die eine oder andere Weise aus. Damit meinen sie, dass Gott mehr verherrlicht wurde, als sie ihn gemeinsam mit Leuten aus anderen Kulturen anbeteten. In diesen Antworten liegt ein Prinzip verborgen, nämlich: »Gott wird mehr verherrlicht, wenn er das vereint, was verschieden ist.«

Mit anderen Worten, nimm zwei unterschiedliche Dinge und vereine sie im Namen von Jesus Christus, dann bekommt Gott mehr Ehre. Egal, ob es sich um ein Ehepaar handelt, das vor der Scheidung steht und dessen Ehe du mit Hilfe der Schrift heilst; oder einen Palästinenser und einen Israeli, denen du hilfst, nach Jahrhunderten erbitterter Feindschaft eine Beziehung aufzubauen, die Gott ehrt- Gott wird mehr verherrlicht. Denke auch an einen Kuwaiti und einen Iraker, die im Namen Jesu ihre Bitterkeit und ihren Hass beiseite räumen, sodass Gott mehr verherrlicht wird. Füge noch einen Aceh aus Indonesien und einen Karalkolpoch aus Usbekistan hinzu und Gott wird sogar noch mehr verherrlicht, je mehr Unterschiede überbrückt werden.

Deshalb hat Gott in seinem Wort klar ausgedrückt, dass er Menschen »aus jeder Zunge, jedem Stamm, jedem Volk und jeder Nation« gewinnen möchte. Weißt du, das hätte er nicht so machen müssen. Er hätte sagen können: »Ich möchte, dass ihr 10 Prozent der Welt erreicht« (was ungefähr dem entspricht, was zurzeit geschieht), oder »Gehet hin und machet 70% der Welt zu Jüngern«. Gott hätte einen Prozentsatz angeben können, aber er tat es nicht. Er war sehr präzise, als er von Menschen aus *jeder* Zunge, *jedem* Stamm und Volk und *jeder* Nation erwähnte. Warum?

Die Antwort ist einfach: Es geht dabei um die Tatsache, dass er ein eifersüchtiger Gott ist. Weißt du, wenn Gott nur die Juden alleine erreicht hätte, wäre er auch verherrlicht worden, aber nicht maximal verherrlicht. Nur wenn du und ich mit Menschen aus jeder Zunge, jedem Stamm und jeder Nation zusammen sind (was bedeutet, dass alle unsere Unterschiedlichkeiten vereint werden), bekommt unser Vater die größte Ehre, die ihm von der Menschheit je zuteil hätte werden können. Der wahre Antriebsmotor für die Weltevangelisation ist, unseren Vater die größte Herrlichkeit haben zu lassen, die möglich ist.

Und den Samen dafür finden wir im ersten Gebot, das allen Menschen gegeben wurde. Dieses finden wir in 1. Mose Kapitel 1,28: »Und Gott segnete sie und Gott sprach zu ihnen: Seid fruchtbar und vermehrt euch und füllt die Erde und macht sie euch untertan.« Hast du diese Worte verstanden: »füllt die Erde«? Weißt du, was über die Jahrhunderte hinweg (Gott hat da keine Eile) passiert, wenn wir »die Erde füllen«? Unsere Sprache bricht auseinander und mit der Zeit wird aus einem kleinen Akzent eine völlig andere Sprache, Unterschiede entstehen!

Wir glauben, dass es dabei um den Kern des ersten Gebotes an die Menschen geht. Gott wollte zuerst Unterschiede schaffen, damit er diese später überbrücken und in ihrer Harmonisierung seine größte Herrlichkeit offenbaren könnte! Deshalb sind wahre »Hunde« auch »Weltchristen«, oder Christen, die das Verlangen haben, alle Nationen und ethnischen Gruppen zur größten Verherrlichung ihres Vaters zu erreichen. Und das verschiebt in allem ihre Motivation.

Mission ist dann nicht mehr bloße Pflicht, wo jemand sagt: »Nun, irgend jemand muss gehen. Und nachdem sich sonst niemand meldet, werde ich es wohl tun.« Mission verfolgt nicht mehr das Ziel, Menschen nur in den Himmel zu bringen. Jetzt gibt es eine höhere und größere Motivation. »Ich will hinaus zu allen Nationen gehen, weil ich sehen möchte, dass mein Vater von allen Volksgruppen dieser Erde die größtmögliche Herrlichkeit empfängt!« Unsere Motivation für Mission wird auf diese Weise völlig erneuert. Es stimmt, sie sind verloren und kommen in die Hölle, aber die größte Herrlichkeit Gottes wird offenbart, wenn wir jeden einzelnen von ihnen erreichen. Lasst uns daher die Welt erreichen um die größte Herrlichkeit unseres Vaters zu offenbaren!

Missionskomitees haben keine ungenaue Vorstellung mehr von Mission, sodass sie Leute aussenden, ohne eine Ahnung davon zu haben, zu welcher Volksgruppe sie gehen sollen, ob es sich dabei um eine schon erreichte oder noch unerreichte Kultur handelt. »So, ihr geht also nach Indien? Okay, wir werden euch mit fünfzig Euro im Monat unterstützen.« Jetzt ist Mission für die Komitees eine sehr genaue Angelegenheit und sie stellen Schlüsselfragen wie: »Zu welcher Volksgruppe wollt ihr gehen? Handelt es sich dabei um eine erreichte oder bis jetzt unerreichte?« Sie wissen, wenn sie den unerreichten Volksgruppen erste Priorität geben, dann wird das Ziel schneller erreicht werden, unseren Vater seine größte Herrlichkeit zeigen zu lassen!

Das ergänzt sich mit dem, was John Piper im einleitenden Absatz seines Buches *»Lasst die Nationen froh sein«* sagt:

> Mission ist nicht das endgültige Ziel der Gemeinde. Das ist die Anbetung. Mission existiert, weil Anbetung fehlt. Anbetung ist das endgültige Ziel, nicht die Mission, weil Gott endgültig ist und nicht der Mensch. Wenn unser Zeitalter vorüber sein wird und unzählige Millionen erlöster Menschen vor dem Thron Gottes auf ihr Angesicht fallen werden, wird es keine Mission mehr geben. Sie ist eine vorübergehende Notwendigkeit. Anbetung aber bleibt für immer.

Die biblische Geschichte

Dieses Ziel, jede ethnische Gruppe vor den lebendigen Gott zu bringen, damit dieser seine größte Herrlichkeit offenbaren kann, ist die Geschichte der Bibel. Es gibt zu viele Leute, die ihre Bibel nur mit einer begrenzten Sichtweise lesen. Sie studieren die Schrift wie 66 unabhängige Bücher mit verschiedenen Lektionen und Themen, die darin verflochten sind. Die Bibel ist aber so gemeint, dass wir sie als ein Buch lesen. Und wie jedes andere Buch auch, hat sie eine Einleitung, einen Hauptteil und einen Abschluss.

Die Einleitung finden wir in 1. Mose Kapitel 1 bis 11, der Hauptteil beginnt in 1. Mose 12 und geht bis Offenbarung 3, und der Abschluss beginnt in Offenbarung 4. Die Einleitung ist einfach. Das meiste davon wird dir bekannt sein. Gott schuf alles und sagte, dass es gut war. Adam und Eva fielen in Sünde. Gott nimmt sich des Sündenproblems an. Die Menschen beginnen sich zu vermehren, ebenso aber auch die Sünde. Alle Gedanken ihres Herzens sind böse. Gott, der ja ein heiliger Gott ist, kann die Sünde nicht tolerieren. Daher hält Gott Gericht, indem er die große Flut schickt.

Noah und seine Familie gehen in die Arche und verbringen darin vierzig Tage und vierzig Nächte, während ein gigantischer Sturm tobt. Nach einem Jahr geht die Flut langsam zurück. Gott gibt Noah einen Regenbogen als Zeichen und sagt: »Ich werde die Erde nie mehr überfluten.« Die Menschheit beginnt wieder zu wachsen und sich zu vermehren. Und dann kommen wir zu 1. Mose 11,1. Das ist der Schlüsselvers, um die Einleitung zur Geschichte der Bibel zu verstehen: »Und die ganze Erde hatte ein und dieselbe Sprache und ein und dieselben Wörter.«

Beachte den Gedanken dahinter: Es gab keine Unterschiede, keine »wir«-Einstellung im Gegensatz zu »ihnen«. Es gab nur ein »wir«. Es gab ein Volk mit einer Sprache und einer Kultur. Es gab auch keine Gelegenheit, Gott die größte Ehre zu bringen, weil es keine unterschiedlichen Volksgruppen gab. Beachte, was in der Versen 3 bis 4 als nächstes passiert. Statt Gott zu gehorchen und sich auszudehnen (und damit Unterschiede hervorzubringen), wie es ihnen aufgetragen war, gehorchen sie Gott nicht und bleiben ein Volk.

> Und sie sagten einer zum anderen: »Wohlan, lasst uns Ziegel streichen und hart brennen!« Und der Ziegel diente ihnen als Stein und der Asphalt diente ihnen als Mörtel. Und sie sprachen: »Wohlan, wir wollen uns eine Stadt und einen Turm bauen und seine Spitze bis an den Himmel! So wollen wir uns einen Namen machen, damit wir uns nicht über die ganze Fläche der Erde zerstreuen!« (1.Mo.11,3 – 4)

Aus welchen Gründen auch immer (man kann da nur raten), weigerten sie sich, Gott zu gehorchen und wollten ein Volk bleiben, in direktem Widerspruch zu Gott.

Der Eifersüchtige (ein Name für Gott, den wir in 2. Mose 34,14 finden) war nicht besorgt. Es war sein fester Vorsatz, seine Herrlichkeit auf eine Art und Weise zu offenbaren, die Unterschiede hervorbringen und es ihm später ermöglichen würde, diese in Harmonie zu vereinen. So tat er in einem einzigen Augenblick das, was Jahrhunderte hätte dauern sollen. Er nahm ihre gemeinsame Sprache, zersplitterte sie in verschiedene Sprachen und brachte so Unterschiede hervor, damit er sie zerstreuen konnte, um sie zu einem viel späteren Zeitpunkt wieder zu einer harmonischen Einheit zu verbinden. Anstelle einer Volksgruppe gab es jetzt viele Volksgruppen. Und damit war die Bühne frei um seine Aktion »größte Herrlichkeit« durchzuführen!

Damit endet die Einleitung zur Geschichte der Bibel. Würden wir das Ganze als Theateraufführung verfolgen, würde jetzt für eine kurze Pause der Vorhang fallen. Wir würden hinausgehen, um ein paar Popcorn und etwas zu trinken zu besorgen und dann würden wir wieder in den Saal gehen, um den Anfang der Geschichte der Bibel nicht zu verpassen. Wir wären neugierig, wie Gott denn nun sein Verlangen nach Gemeinschaft mit den Menschen stillen würde, besonders wo sie jetzt in so viele Gruppen aufgeteilt wären. Wie er das schafft, wäre der entscheidende Faktor in der nun folgenden Geschichte. Und während der Vorhang wieder aufgehen würde, würden wir auf der Bühne Gott im Himmel sehen, wie er auf die verschiedenen Volksgruppen, die er geschaffen hat, die aber alle von ihm getrennt wurden, herunter schaut. Dann würde er den Arm nach einem von ihnen (Abram) ausstrecken und ihm ein Versprechen geben. Dieses Versprechen würde aus zwei Teilen bestehen: Erstens würde er zu Abram sagen: »Ich will dich segnen.«. Zweitens würde er sagen: »Ich will dich für alle Familien auf dem Angesicht der Erde zum Segen machen.«

Das nennt man den Abrahamsbund oder das Versprechen Abrahams. Man liest davon in 1. Mose 12:

> Und ich will dich zu einer großen Nation machen und ich will dich segnen und ich will deinen Namen groß machen und du sollst ein Segen sein! Und ich will segnen, die dich segnen und wer dir flucht, den werde ich verfluchen; und in dir sollen gesegnet werden alle Geschlechter der Erde! (1.Mo.12,2–3)

Als Gott davon sprach, dass er andere durch Abram segnen würde, verwendete er ein einfaches Wort, das auf seine Herrlichkeit unglaubliche Auswirkungen hat. Er verwendete das Wort »alle«. »Alle Geschlechter der Erde sollen in dir gesegnet werden.« Nicht »einige«, »die meisten«, nicht einmal »ein Großteil«, sondern »*alle* Geschlechter werden in dir gesegnet werden.«

Wenn wir das in eine neutestamentliche Sprache bringen, erteilt Gott schon hier den großen Sendungsauftrag. »Geht nun hin und macht alle Nationen zu Jüngern und tauft sie auf den Namen des Vaters und des Sohnes und des Heiligen Geistes.« (Matth.28,19) und »In dir sollen gesegnet werden alle Geschlechter der Erde« (1.Mo.12,3) bedeuten im wesentlichen das selbe. Gott teilte Abraham mit, dass durch ihn alle Menschen der Erde gesegnet werden würden und durch Jesus teilte er den Jüngern mit, dass alle Nationen erreicht werden würden.

Diese zwei Bibelstellen bilden eine Parallele und Hunde wissen warum. Denn Gott war in der Vergangenheit, ist in der Gegenwart und wird in der Zukunft immer darauf aus sein, seine größte Herrlichkeit zu offenbaren. Und das wird erst geschehen, wenn Vertreter aller Volksgruppen zusammenkommen um Gott zu feiern. Gott wusste das von Anfang an. Um das zu betonen, gab Gott, unmittelbar nachdem er die Völker geschaffen hatte, das Versprechen, jedes einzelne von ihnen zu erreichen. Das machte er ganz deutlich. Gott möchte Menschen aus allen Sprachen, Stämmen und Nationen erlösen! Gottes Verlangen, alle Nationen zu erreichen, durchzieht sowohl das Alte, als auch das Neue Testament. Schauen wir uns ein paar Beispiele aus dem Alten Testament an:

- Seid still und erkennt, dass ich Gott bin; ich werde erhöht sein *unter den Nationen*, erhöht auf der Erde. (Ps.46,11)
- Singt dem HERRN, *ganze Erde*! Verkündet von Tag zu Tag sein Heil! Erzählt *unter den Nationen* seine Herrlichkeit, *unter allen Völkern* seine Wundertaten! (1.Chr.16,23 – 24)
- Denn wie die Erde ihr Gewächs hervorbringt und wie ein Garten seine Saat aufsprossen lässt, so wird der Herr, HERR, Gerechtigkeit und Ruhm aufsprossen lassen *vor allen Nationen*. (Jes.61,11)

Und aus dem Neuen Testament:

- Und er sprach zu ihnen: So steht es geschrieben und so musste der Christus leiden und am dritten Tag auferstehen aus den Toten und in seinem Namen Buße zur Vergebung der Sünden gepredigt werden allen Nationen, anfangend von Jerusalem. (Lk.24,46)
- Geht nun hin und macht alle Nationen zu Jüngern und tauft sie auf den Namen des Vaters und des Sohnes und des Heiligen Geistes. (Mt.28,19)

Der Ablauf

Gelingt Gott das, was er sich am Anfang vorgenommen hat? Bekommt er seine größte Herrlichkeit? Wie endet das Ganze? Schauen wir schnell noch hinten in der Bibel nach, um zu sehen, wie die Geschichte endet. In Offenbarung 5,9 singen die Ältesten und die lebenden Kreaturen ein Lied. Dabei muss es sich um ein sehr wichtiges Lied handeln. Kannst du dir vorstellen, dass sich die Ältesten deiner Gemeinde im Gottesdienst vorne hinstellen und gemeinsam ein Lied singen? Und wenn es so wichtig ist, achten wir besser genau darauf. Was sagt es aus? Es steht dort:

> Und sie singen ein neues Lied und sagen:
> Du bist würdig, das Buch zu nehmen und seine Siegel zu öffnen; denn du bist geschlachtet worden und hast durch dein Blut für Gott erkauft Mensche aus jedem Stamm und jeder Sprache und jedem Volk und jeder Nation (Offb.5,9)

Beachte, woher sie kommen: »aus jedem Stamm und jeder Sprache und jedem Volk und jeder Nation!« Was Gott sich vornahm durch Abraham zu tun, das verwirklicht er ganz am Ende der Zeit! Und weil alle Nationen anwesend sind, empfängt Gott die größtmögliche Herrlichkeit! Gott hat bestimmt, dass es genau so geschehen soll. Er hat es verordnet. Er hat es gefordert. Warum? Weil er Verlangen danach hat.

- Würdest du deine Bibel nehmen und deinen Daumen auf 1. Mose 12 legen und einen anderen Finger auf Offenbarung 5,9, dann würdest du dazwischen die ganze Menschheitsgeschichte halten – die Geschichte des liebenden Gottes, der Menschen aus allen ethnischen Gruppen auf der ganzen Welt zu erretten sucht. Die meisten Katzen sind dafür blind. Die meisten Hunde wissen es sehr gut. Deshalb sind Hunde Weltchristen, die leidenschaftlich bemüht sind, zur größten Herrlichkeit ihres Vaters den Nationen nachzugehen. Das ist die Geschichte der Bibel! Tatsächlich ist es so, dass, wenn du dass Thema Mission aus der Bibel herausnehmen würdest, nur mehr sehr wenig zum Studieren übrig bleiben würde, gerade einmal ein paar Kapitel aus 1. Mose und ein paar aus der Offenbarung. (Um mehr über die Geschichte der Bibel zu erfahren, lies das Buch von Bob Sjogren, »Endlich ohne Schleier«)

- Was auch immer in deinem Leben geschehen mag, wir hoffen, dass du, ähnlich wie Corrie ten Boom, danach trachten wirst, deinen himmlischen Vater zu fragen: »Was wird dich am meisten verherrlichen?« Und dann wirst du danach streben, seine Herrlichkeit in jedem Bereich deines Lebens widerzuspiegeln, indem du irgendwie die Rolle übernimmst, seine Herrlichkeit bis an die Enden der Erde zu tragen! Statt von der Geburt bis zum Tod so zu leben, dass du danach suchst, was für dich sicher, sanft und angenehm ist, wirst du ein Ziel für dein Leben haben: das Ziel, Gott zu verherrlichen!

Nachwort

Wenn ein Kind auf einer Wippe schaukeln will und du ein Gegengewicht bilden möchtest, wirst du nicht in der Mitte ansetzen. Stattdessen gehst zum genau entgegen gesetzten Ende der Wippe. Das ist genau das, was wir auch mit diesem Buch versucht haben. Wir haben zum Thema »Gott-zentrierte Theologie« das genaue Gegenteil, nämlich »Katzentheologie« gepredigt.

Wenn du auf dieses Buch sehr kritisch reagiert hast, verstehe bitte, dass es uns wohl bewusst ist, dass unsere Predigt extrem klingen mag. Wir hielten es aber für nötig, Jahrzehnte des Ich- und Menschen-zentrierten Lehrens, das sich in der Kirche von heute so ausgebreitet hat, auszugleichen. Zu häufig wird heute eine Evangeliumsbotschaft verkündigt, die so seicht ist, dass sie nur bis zu den Knöcheln reicht. Vom Gerippe der modernen Evangeliumsbotschaft wurde das wirkliche Fleisch gelöst und durch künstlichen »Süßstoff« ersetzt.

Es stimmt, vielleicht sind wir zu kritisch in Hinblick darauf, wie Gemeinden mit Hilfe von Katzentheologie, oder der Einstellung von Katzen, Menschen anlocken, aber es ist uns klar, dass man Katzen nur mit Milch ködern kann und dass sie sich von Hundefutter nicht beeindrucken oder anziehen lassen. Auch Paulus war es klar, dass manche Gemeinden und bestimmte Christen mit nichts anderem als mit »Milch« zurechtkommen würden. Als er in 1. Korinther 3 direkt dieses Thema ansprach, weigerte er sich nicht, den Korinthern zu dienen. Er erkannte, wo sie sich befanden und ermutigte sie, weiter zu wachsen. Er schrieb: »Ich gebe euch Milch, keine feste Speise, denn ihr seid noch nicht darauf vorbereitet. Es stimmt, ihr seid noch nicht dafür bereit. Ihr seid noch immer weltlich.« (1.Kor.3,2 – 3).

Ähnlich sind wir zur Meinung gelangt, dass der Fehler der meisten Gemeinden nicht darin liegt, dass sie Milch anbieten, sondern dass sie die Katzenfassade nicht überwinden. Aus diesem Grund bleibt dann die ganze Kirche in einem kindlichen Zustand. Wir rufen daher die Kirche auf, zu den Wurzeln des Glaubens zurückzukehren und reif zu werden.

Zu einem gewissen Zeitpunkt müssen Gemeinden aufhören, den Kern des Evangeliums und den Zweck, zu dem sie erschaffen wurden, zu verwässern. Es ist uns klar, dass eine Gemeinde, die ausschließlich Hundefutter serviert, keine Katzen und Nichtchristen erreichen wird. Sie räumt jenen, die noch nicht so stark sind, nicht genügend Platz ein. Eine Gemeinde, die nur Hundefutter serviert, wird bald aussterben, weil sie jene nicht hereinlässt, die noch nicht reif genug sind. Und es ist uns klar, dass eine Gemeinde, die die Bedürfnisse der Menschen nicht stillt, während sie Gott verherrlicht, Gott nicht mehr verherrlichen kann.

Aber es gibt einen glücklichen Mittelweg – eine Gemeinde, die die Reichtümer Gottes für die Bedürfnisse der Menschen anbietet *und* das ganze Evangelium predigt. Wir wünschen uns eine Gemeinde, die sich den Bedürfnissen der Menschen erst anpasst, nachdem sie darauf besteht, die Herrlichkeit Gottes auszustrahlen. Wir wünschen uns eine Gemeinde, die uns sowohl lehrt, Verlangen nach den Segnungen Gottes zu haben, als auch auf die Tragödien und Sorgen des Lebens vorbereitet, während sie uns zeigt, dass dies Werkzeuge in der Hand Gottes sein könnten, um seine Herrlichkeit sichtbar zu machen.

Dir als Leser wünschen wir, dass du ein ausgewogenes Leben als Christ führst, ein Leben, dass jeden Tag aufs Neue der Herrlichkeit

Gottes begegnet, eines, das seine Herrlichkeit in allen Lebensumständen ausstrahlt, eines, das sich über die Segnungen Gottes freut, aber auch eines, das in der Lage ist, Schwierigkeiten, Enttäuschungen und Frustrationen im Leben zu ertragen, weil du verstehst, dass Gott immer noch alles unter seiner Kontrolle hat. Das alles wünschen wir nicht nur dir, sondern wir erbeten es für die Kirche weltweit.

Ein Weg, dieses Buch zu beenden, ist vielleicht, uns bewusst zu machen, dass die Kirche nicht nur eine Hütte für Hunde und Katzen ist, sie ist ein Zoo. Wir sind bereits lange genug in verschiedenen Gemeinden unterwegs, um einen sehr vielfältigen Tiergarten kennen gelernt zu haben. Es stimmt, wir sind Christen begegnet, die man bestimmt als Katzen oder Hunde einstufen könnte. Wir sind aber auch Maultieren begegnet, Pfauen, Truthähnen, Schafen, Adlern, Faultieren und Wölfen – wir wollen gar nicht erst damit beginnen! (Ist da vielleicht ein zweiter Band in Aussicht?). Wir sind uns auch sicher, dass Gott seine Gemeinde ruft, sich von einer Katzentheologie zur Hundetheologie weiter zu entwickeln. (Eine großartige Möglichkeit deiner Gemeinde zu helfen, sich synchron zur Absicht Gottes zu entwickeln, ist die Abhaltung eines Seminars »Sichtbare Herrlichkeit« in eurer Kirche).

Für seine sichtbare Herrlichkeit,
Bob Sjogren und Gerald Robison

Zitierte Literatur

Barnhouse, Donald Grey. *The Invisible War.* Grand Rapids: Zondervan, 1980.

Boom, Corrie ten, *Die Zuflucht.* Wuppertal: Brockhaus, o. J.

Crabb, Larry. *Shattered Dreams.* Colorado Springs: Waterbrook Press, 2002.

Forbush, W. B. (ed.). *Foxe's Book of Martyrs.* Grand Rapids: Zondervan, 1978.

Fromke, DeVern. *Unto Full Stature.* Cloverdale, Ind.: Sure Foundation, 2001.

Mulholland, James. *Praying Like Jesus, The Lord's Prayer in a Culture of Prosperity.* San Francisco: HarperSanFrancisco, 2001.

Piper, John. *Let the Nations be Glad. The Supremacy of God in Missions.* Grand Rapids: Baker Book House, 2003.

Piper, John. *Sehnsucht nach Gott: Leben als christlicher Genießer.* Friedberg: 3 L Verlag, 2005.

Rice, Wayne. *Still More Hot Illustrations for Youth Talks.* El Cajon, Calif.: Youth Specialties, Inc., 1999.

Sjogren, Bob. *Unveiled At Last.* Seattle: Crown Ministries International, 1996.

Sproul, R. C. *The Invisible Hand.* Phillipsburg: Presbyterian & Reformed Press, 2003.

Tenney, Tommy. *The God Chasers.* Shippensburg, Penn.: Destiny Image, 1999.

Walvoord, John F. (Hrsg.). *Der Walvoord Bibelkommentar.* 5 Bände. Holzgerlingen: Hänssler, 2004.

Wilkinson, Bruce. *Das Gebet des Jabez: Durchbruch zu einem gesegneten Leben.* Asslar: Gerth Medien, 2002.

Wer oder was ist OM?

OM arbeitet in über 110 Ländern mit gut 5 400 Mitarbeitern aus über 90 Nationen. Eine spannende Sache! Etwa die Hälfte aller Mitarbeiter sind für ein bis zwei Jahre im Einsatz. Entweder als Teilnehmer von »Global Action«, dem zweijährigen Trainingsprogramm von OM oder im Rahmen eines Freiwilligen Sozialen Jahres (FSJ). Manche Arbeit besteht schon sehr lange und hat sich etabliert, andere Projekte sind erst ganz am Anfang. Manche Zweige haben enorm viele Mitarbeiter, andere eher weniger. Dazu kommen die Schiffe des Werkes, die Hafenstädte auf der ganzen Welt besuchen und dringend benötigte Literatur mitbringen. 1970 lief die *Logos*, das erste OM-Schiff aus. Einige Jahre später fand ihr Dienst auf einem Riff vor Chile ein jähes Ende. Mittlerweile wurde die *Logos II*, das Nachfolgeschiff der *Logos* durch die wesentlich größere *Logos Hope* ersetzt. Das zweite aktive OM-Schiff ist die *Doulos*.
Egal ob die OM-Mitarbeiter in Osteuropa, dem Nahen Osten, in Asien oder auf einem der Schiffe unterwegs sind. Es geschieht immer nach dem Motto »Leben verändern – Gesellschaft gestalten«.

Wer sich regelmäßig über die Arbeit von OM auf dem Laufenden halten möchte, findet aktuelle Informationen in folgenden Veröffentlichungen: Global (Deutschland), Pulsschlag (Österreich) und OM-Nachrichten (Schweiz). Diese Zeitschriften sind in den jeweiligen Büros erhältlich:

OM Deutschland
Alte Neckarelzer Straße 2
74 821 Mosbach
Fon: +49 (0)6261 947-0
Fax: +49 (0)6261 947-147
info@d.om.org
www.d.om.org

OM Österreich
Passaustraße 19
4030 Linz
Fon: +43 (0)7032 177-6
Fax: +43 (0)7032 177-628
info@a.om.org
www.a.om.org

OM Schweiz
Hertistrasse 31 – Postfach
8304 Wallisellen
Fon: +41 (0)1832 8383
Fax: +41 (0)1832 8363
info@ch.om.org
www.ch.om.org